青年学者文丛

河北省社会科学基金项目"高质量发展视角下河北省国有企业人才晋升机制研究（HB22YJ060）"

大数据视角下我国大型企业员工晋升机制研究

张 昶 著

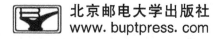
北京邮电大学出版社
www.buptpress.com

内 容 简 介

本书以人力资本理论、高阶理论、管理激励理论以及委托代理理论为基础,以对大量文献的梳理和总结为出发点,以大数据技术为实证方法:第一,对不同晋升形式进行梳理,利用灰色关联度的方法研究不同晋升形式对员工的激励效用;第二,对影响晋升的因素进行思考,选择基于人力资本的员工人口学特征因素并数据化地构造员工关系资源因素,将这些因素作为独立变量并设计交互变量,运用大数据中的 Logistic 回归模型深入分析变量的变化对晋升的影响,并以业绩变量的引入、晋升层级的变化为出发点替换数据集进行模型的稳健性检验;第三,利用大数据技术中的决策树、随机森林、人工神经网络、支持向量机等算法对数据进行建模和精度对比,并基于不同因素的综合作用概括出大型企业员工的晋升模式和特征;第四,研究大型企业晋升机制的公平性,分析其对员工晋升后的激励效用,提出大型企业内同时存在两种晋升机制,并运用多层模糊综合评价的方法进行论证,以不同的晋升机制为基础,构建委托人与代理人之间的晋升博弈模型,以此研究大型企业中的晋升激励、绩效与企业收益的关系;第五,基于研究结果提出相关政策建议,分析研究的不足之处并对未来的研究进行展望。本书可为企业管理者在研究和制定员工晋升机制时提供一些参考,同时可作为人力资源管理相关领域研究人员的参考读物。

图书在版编目(CIP)数据

大数据视角下我国大型企业员工晋升机制研究 / 张昶著. -- 北京:北京邮电大学出版社,2024.2

ISBN 978-7-5635-7168-0

Ⅰ. ①大… Ⅱ. ①张… Ⅲ. ①大型企业-职工-人力资源管理-研究 Ⅳ. ①F272.92

中国国家版本馆 CIP 数据核字(2024)第 012394 号

策划编辑:马晓仟　　责任编辑:马晓仟　　责任校对:张会良　　封面设计:七星博纳

出版发行:北京邮电大学出版社
社　　址:北京市海淀区西土城路 10 号
邮政编码:100876
发 行 部:电话:010-62282185　传真:010-62283578
E-mail:publish@bupt.edu.cn
经　　销:各地新华书店
印　　刷:北京虎彩文化传播有限公司
开　　本:720 mm×1 000 mm 1/16
印　　张:11
字　　数:183 千字
版　　次:2024 年 2 月第 1 版
印　　次:2024 年 2 月第 1 次印刷

ISBN 978-7-5635-7168-0　　　　　　　　　　　　　　　　定价:49.00 元

·如有印装质量问题,请与北京邮电大学出版社发行部联系·

前　　言

随着我国数字经济的快速发展，大数据和云计算等技术将大幅度地改变企业的经营和管理模式，数据的膨胀化、复杂化、互联化、共享化也将达到一个新的高度，这会给企业带来智慧化的管理，同时也会给企业带来更多的数据预处理需求、数据挖掘需求以及决策分析需求，人们越来越希望能挖掘出隐含在数据背后的知识，并根据这些知识做出科学、精准、智慧的决策。所以，大数据的思维和技术已经成为产业模式变革和经济发展的核心驱动力之一。数据作为新时代的生产要素，其如何创造更大的价值已经成为许多专家、学者以及企业管理者关注的焦点。目前大数据技术在各行各业都有着非常广泛的应用并发挥着重要的作用，如在企业管理、电子商务、数字营销、供应链管理、金融服务等领域中都可以看到大数据的重要作用。本书则通过大数据技术来分析我国大型企业的员工晋升机制，为企业的数字化人力资源管理赋能。

我们为什么要研究大型企业的员工晋升机制呢？大型企业在我国的经济发展中占有重要的地位，而企业的人事制度改革则是完善现代企业制度的重要部分，也是企业提升运行效率和经营管理水平的基础，更是企业治理结构改革的重要着力点。人事制度的改革和深化为员工的晋升提供了明确的方向，而晋升对员工来说是一种有效的激励手段，好的晋升机制可以有效地提升员工的工作积极性，提升企业的整体效能，最终增强企业在经济市场中的活力与竞争力，所以晋升机制的改革是人事制度改革中优化人力资源配置的一项十分重要的工作。探究晋升机制的核心在于把握影响晋升的因素，《国企改革三年行动方案（2020—2022年）》明确指出企业的改革应快速地朝着现代企业的市场化方向靠拢，并进一步强调了选人、用人应全面地、合理地根据经营业绩和工作实绩进行考核，提出了大型企业管理者的"去行政化"、企业的"经济效益优先"等具体政策。但是目前，许多大型企业依然存在企业制度"行政化"、企业目标和岗位"多样化"等现状，加之委托人想要"降低代理人工作水平的甄别成本"以及"给高人力资本员工更强的组织承诺"等行为,这导致在晋升中业绩因素并不一定会占据十分重要的地位,而非业绩因素反而会在晋升中发挥较大的作用,形成大型企业内部的较为复杂的晋升机制,最终影响晋升激励的效用,降低企业整体的经营管理水平和绩效产出,无法优化企业资源配置。

所以,围绕大型企业的晋升机制这一问题,本书以理论分析和大数据技术实证相结合的方式深入剖析了影响员工内部晋升的因素,分析了这些因素的变化和交互对员工在大型企业中的晋升产生的不同作用,概括了大型企业的晋升模式,并研究了晋升机制的激励效用给企业带来的影响。研究的结果有助于我国大型企业决策层更为清楚地看到企业内部晋升中存在的问题,更为深入地理解企业内部的晋升机制对员工产生的激励效用,从而更有针对性地分析和设计员工晋升的评价指标,更为合理地制定相关的政策和制度,解决晋升中存在的问题,实现激励相容,降低信息的不对称性以及解决代理人的风险问题,有效推进企业的人事制度改革。

本书以人力资本理论、高阶理论、管理激励理论以及委托代理理论为基础,以文献综述为出发点,采用文献分析与理论推演、实证分析、比较研究、博弈研究等方法,对大型企业中员工的内部晋升进行了研究,具体如下。

第一,本书对大型企业内不同的晋升形式进行分析,以内容型激励理论为基础构建灰色关联度模型,研究不同晋升形式为员工带来的不同满足感,并以此为基础确定后续研究的因变量。

第二,本书对影响晋升的因素进行思考,以人力资本理论和高阶理论为基础分析非业绩因素对晋升的影响,选择一些人口学特征因素并构造关系资源因素作为职位晋升研究的自变量。本书以某大型企业总部以及其各省、地市、区县分公司的晋升数据为研究对象,对数据进行有效处理后,以选定的非业绩因素作为独立变量并设计交互变量,以大数据技术中的 Logistic 回归模型对影响员工内部职位晋升的因素进行深入分析,并以业绩变量的引入、晋升层级的变化为切入点替换数据集,进行模型的稳健性检验。

第三,本书运用大数据技术中的决策树、随机森林、支持向量机与人工神经网络等主要分类算法,对晋升数据进行建模和精度对比分析,找到最适用于晋升数据的分类算法，构建模型并基于不同因素的综合作用概括出大型企业内部不同层级员工的职位晋升模式和特征，对这些模式和特征的总结也再一次印证了非业绩因素对于职位晋升的作用。

第四，本书分析大型企业晋升机制的公平与激励问题，提出大型企业内同时存在两种晋升机制，以员工感受为视角，通过多层模糊综合评价的方法进行实证，并以不同的晋升机制对获得晋升员工的不同激励效用为基础，构建委托人与代理人之间的晋升博弈模型，以此研究大型企业中的晋升激励、员工绩效与企业收益的关系。

纵观全书，得到的研究结论及理论贡献概括如下。

① 在我国大型企业的晋升形式中，职位晋升是最重要的一种晋升形式，员工也会因此获得更多的激励和满足感。该结论为企业晋升研究中的因变量选择提供了一定的理论基础。

② 在我国大型企业内部职位晋升中，非业绩因素对职位晋升会产生重要影响。本书的研究得出：男性员工一般会比女性员工更容易获得职位晋升，晋升中的性别差异以及女性的"晋升天花板"仍然存在；员工的初始学历和最终学历越高，越容易获得职位晋升，且学历对女性员工的职位晋升更为重要，即女性员工的晋升标准要高于男性员工；在不同层级的职位晋升中，员工的最终学历是否在入职前获得对晋升的影响是不同的；同时，员工的年龄也在各层级的职位晋升中起到不同的作用，这说明"管理人员年轻化"的相关政策在企业内不同层级被差异化执行；岗位任职年限方面，在一定的年龄阈值内，员工在晋升前岗位的任职年限越长越容易获得职位晋升，这与我国现行的企业人事政策对岗位任职年限的要求相关；关系资源方面，员工的关系资源越强则越容易获得职位晋升，而相对于高学历员工，关系资源对于低学历员工在职位晋升中的作用则更为明显。这些结论揭示了大型企业中非业绩因素对职位晋升的作用，为晋升研究中自变量的选择提供了理论依据；同时，不同于以往研究普遍关注企业"一把手"的外部晋升，本书将研究视角聚焦于企业内部的不同层级，丰富了晋升研究的框架。

③ 基于对晋升模式进行概括和归纳的目的，在目标维度为离散型变量，输入维度既有离散型变量又有连续型变量的晋升数据中，随机森林算法是精度最高的算法。而对于小数据样本，支持向量机算法是一个不错的选择。但是，对于目

标维度为二分类的晋升数据，人工神经网络算法的精度相对较低，其更适用于目标维度为连续型的数据。此外，数据挖掘方法可以概括出一些具体的、不同层级的晋升模式。这些模式为企业内部各层级晋升特征的研究提供了一定的理论依据，同时分类算法的适用性也为企业晋升数据的处理和分析提供了新的思路。

④ 晋升公平除了对一般员工会产生不同的激励效用，对于获得晋升的员工同样也会产生不同的激励效用，即通过非业绩因素晋升的员工在新岗位上的工作努力程度不如通过业绩因素晋升的员工。此外，我国许多大型企业并不是只有一种固定的晋升标准，而是同时存在以业绩因素为主和以非业绩因素为主的两种晋升机制。企业对于不同的员工，在不同的情况下可能会采用不同的晋升机制，同时存在的两种晋升机制是可以被员工感受到的，由此会增大激励效用的差距。该结论对大型企业晋升激励的研究进行了有效的补充，使晋升激励的理论延伸到获得晋升的员工。

⑤ 基于委托代理的零和博弈分析，在两种晋升机制共存的情况下，企业若想使自身效益最大化，给晋升后员工提供的薪资福利并不是越高越好，而是应与企业对员工工作的甄别成本、与两种晋升激励状态下员工绩效产生的差额成正比，并与员工创造的最小绩效相关。该结论为晋升激励中的薪酬设定提供了理论依据，并将晋升候选人之间基于业绩的"锦标赛"博弈扩展为委托人和已获得晋升的代理人之间基于不同晋升机制的博弈，这为晋升博弈研究提供了新的视角。

本书的编写得到了河北省社会科学基金的资助，本书的内容是河北省社会科学基金项目"高质量发展视角下河北省国有企业人才晋升机制研究（HB22YJ060）"的研究成果。限于作者水平，书中难免存在疏漏之处，欢迎读者批评指正。

目　　录

第1章　绪论 ………………………………………………………………… 1

1.1　本书讨论的背景与问题 ………………………………………………… 1

1.1.1　本书讨论的背景 …………………………………………… 1

1.1.2　主要问题的提出 …………………………………………… 5

1.2　关键概念的界定 ……………………………………………………… 7

1.3　研究意义与研究思路 …………………………………………………… 8

1.3.1　研究意义 …………………………………………………… 8

1.3.2　研究思路 …………………………………………………… 10

1.4　研究内容与研究方法 …………………………………………………… 12

1.4.1　主要研究内容 ……………………………………………… 12

1.4.2　研究方法 …………………………………………………… 15

1.4.3　技术路线图 ………………………………………………… 17

1.5　本书创新点 …………………………………………………………… 18

第2章　理论基础和文献综述 ……………………………………………… 22

2.1　相关基础理论 ………………………………………………………… 22

2.1.1　人力资本理论 ……………………………………………… 22

2.1.2　高阶理论 …………………………………………………… 24

2.1.3　管理激励理论 ……………………………………………… 26

2.1.4　委托代理理论 ……………………………………………… 28

2.2　晋升概述 ……………………………………………………………… 30

- 2.2.1 晋升的概念 ······ 30
- 2.2.2 职位晋升因素的划分 ······ 33
- 2.2.3 业绩因素对职位晋升的影响 ······ 34
- 2.2.4 非业绩因素对职位晋升的影响 ······ 37
- 2.3 晋升公平与晋升博弈研究 ······ 41
  - 2.3.1 组织公平与晋升公平 ······ 41
  - 2.3.2 公平与绩效的关系 ······ 43
  - 2.3.3 晋升中的博弈 ······ 44
- 2.4 基于大数据的智能化方法 ······ 45
  - 2.4.1 数据智能化方法 ······ 45
  - 2.4.2 分类中的数据模型 ······ 50
  - 2.4.3 大数据技术与人力资源管理中的晋升研究 ······ 53
- 2.5 理论与文献评述 ······ 54

第3章 大型企业中的不同晋升形式分析 ······ 57

- 3.1 大型企业中的晋升形式 ······ 57
- 3.2 基于内容型激励理论的晋升形式分析 ······ 59
- 3.3 基于灰色关联度的实证分析 ······ 61

第4章 大型企业中影响员工职位晋升的因素分析 ······ 66

- 4.1 研究基础及研究假设 ······ 66
  - 4.1.1 文献与理论分析 ······ 66
  - 4.1.2 研究变量的选择 ······ 68
  - 4.1.3 主要研究对象及假设的提出 ······ 72
- 4.2 基于 Logistic 回归的实证分析 ······ 75
  - 4.2.1 实证背景 ······ 75
  - 4.2.2 数据及统计性描述 ······ 76
  - 4.2.3 Logistic 回归分析 ······ 80
  - 4.2.4 稳健性检验 ······ 83

4.3 本章小结 ………………………………………………………… 89

第5章 大型企业中职位晋升模式分析 ………………………………… 91

5.1 数据挖掘分类方法在职位晋升中的应用 ……………………… 91
  5.1.1 分类方法与晋升 ………………………………………… 91
  5.1.2 决策树分类 ……………………………………………… 92
  5.1.3 随机森林分类 …………………………………………… 96
  5.1.4 其他分类算法 …………………………………………… 99
5.2 员工晋升模式分析 ……………………………………………… 102
  5.2.1 数据的选择 ……………………………………………… 102
  5.2.2 分类结果的精度对比 …………………………………… 103
  5.2.3 晋升模式分析 …………………………………………… 108
5.3 本章小结 ………………………………………………………… 110

第6章 大型企业中的晋升激励与企业收益 ……………………………… 113

6.1 晋升的公平与激励 ……………………………………………… 113
  6.1.1 晋升中的公平性问题 …………………………………… 113
  6.1.2 晋升激励与绩效产出 …………………………………… 115
6.2 大型企业的晋升机制与收益 …………………………………… 117
  6.2.1 晋升中的委托代理问题 ………………………………… 117
  6.2.2 大型企业的双晋升机制 ………………………………… 118
  6.2.3 基于企业收益的一种晋升博弈分析 …………………… 123
6.3 本章小结 ………………………………………………………… 127

第7章 结论与展望 ……………………………………………………… 129

7.1 主要研究结论 …………………………………………………… 129
7.2 政策建议 ………………………………………………………… 133
7.3 不足与展望 ……………………………………………………… 137

参考文献 …………………………………………………………………… 139

附录 ·· 160

　附录 1　不同晋升形式满足感的问卷调查 ·················· 160

　附录 2　双晋升机制的问卷调查 ·························· 162

致谢 ·· 163

第1章 绪　　论

1.1　本书讨论的背景与问题

1.1.1　本书讨论的背景

1. 实际背景

企业的改革对于我国经济发展起着非常重要的作用。我国一直强调国有企业与私营企业并重发展,而无论是国有企业还是私营企业,其改革效果都要通过市场进行检验。党的二十大报告已经提出:"构建高水平社会主义市场经济体制。坚持和完善社会主义基本经济制度,毫不动摇巩固和发展公有制经济,毫不动摇鼓励、支持、引导非公有制经济发展,充分发挥市场在资源配置中的决定性作用,更好发挥政府作用。"对于私营企业,其改革更为灵活便捷,与市场经济更为契合。而对于国有企业,其改革需要考虑的问题更多,国家也对国有企业改革提出了更为殷切的期望。党的二十大报告提出:"深化国资国企改革,加快国有经济布局优化和结构调整,推动国有资本和国有企业做强做优做大,提升企业核心竞争力……完善中国特色现代企业制度,弘扬企业家精神,加快建设世界一流企业。"与此同时,我国在一系列政策文件中都在强调:要坚持深化国有企业的改革不动摇,充分发挥国有经济的制度优势。而企业想要改革、想要激发人才的活力与创造力、想要推进高质量发展,就要充分思考人事制度的改革。人事制度改革是完善现代化企业治理的重要部分,更是企业提升运行效率和经营管理水平的基础。人事制度的改革和深化为员工的晋升提供了明确的方向,而晋升对员工来说是一种有效的激励手段,所以人事制度的改革可以有效地提升企业中员工的工作积极性,提升企业在经济市场中的活力与竞争力,从而成为企业改革的关键环节。

人事制度改革中较为重要的一项内容就是管理者的"行政性"需让位于企业发展的"经济性",从而提升企业的运行效率。如国有企业人事制度改革中提到,企业应弱化管理人员的行政级别概念,管理人员应不再享有国家机关干部相应的行政待遇。打破传统的"干部"和"员工"之间的界限,变身份管理为岗位管理。《中共中央 国务院关于深化国有企业改革的指导意见》专门提出了完善治理体系的重点任务是建立权责对等、有效制衡的决策执行监督机制。此外,《国企改革三年行动方案(2020—2022年)》也再次提出了要继续深化企业内部选人、用人制度的改革,这里包括厘清各个层级的权职边界,加快建立各司其职、协调运转、有效制衡的公司治理机制。加快将管理者转变为职业经理人,进行竞争上岗以及能上能下的契约化管理,真正形成企业内部各类、各级管理人员的合理流动机制,并进一步加强国有企业领导班子建设和人才队伍建设,细化考核机制,提升激励水平,最终提升企业的经营能力,增强企业的活力并提升企业的效率。

企业的发展靠人才,党的二十大报告已经指出:"必须坚持科技是第一生产力、人才是第一资源、创新是第一动力,深入实施科教兴国战略、人才强国战略、创新驱动发展战略,开辟发展新领域新赛道,不断塑造发展新动能新优势。"可见发掘、培养、造就大批德才兼备的高素质人才,是国家和民族的长远发展大计。在人才的发展与人才队伍的建设中,能够在企业中获得职位晋升的依然是少数人,企业为了激励员工,让大部分人得到发展,在政策上提出多种晋升形式以规避只有少数人获得职位晋升的问题,如提供一些虚职的晋升、专业技术职务或职称的晋升、福利待遇晋升等。而对于企业员工来说,哪种晋升形式是最为重要的?职位晋升是不是最为重要的一种晋升形式?这些问题需要进一步的研究与论证。

对于职位晋升来说,从上述一些政策文件中可以看到,大型企业中的各级管理者对企业的改革与发展起到了十分重要的作用,优秀管理者的职位晋升与任用能够较好地推进企业的经营与管理。但是从目前来看我国许多大型企业的管理者仍然存在"行政性"与"经济性"交融的情况。以国有企业为例,可以看到国企的管理者仍然具有"经济人"和"政治人"的双重身份[1],且相比于私营企业,其"政治人"的身份更为明显。所以尽管国有企业已经在向经济型治理转型,却依然存在干部任免行政化的特征[2]。比如从晋升程序上看,国有企业的管理者仍然是由各级党委按照政治程序、组织程序进行任命的[3]。所以,国有企业管理者的晋升模式仍然会存在与政府官员的晋升模式一样的情况,而非市场经济中的职业经理人模式。

如果想要推动企业的人事改革,将各级管理者转型为职业经理人,就要在员工的晋升考核中体现出业绩和工作能力的重要性。所以,企业的人事制度改革一直在强调健全考核评价机制并量化评价考核指标,最终选择真正优秀的员工晋升到更为重要的岗位。如《中共中央 国务院关于深化国有企业改革的指导意见》明确提出,要推进全员绩效考核,以业绩为导向,科学评价不同岗位员工的贡献;要根据企业改革发展需要,明确选人用人标准和程序,创新选人用人方式;要加强对企业领导人员的综合考核评价,及时调整不胜任、不称职的领导人员,切实解决能上不能下的问题。所以,对于考核优秀的员工,企业需要将其进一步晋升到更高的岗位;对于不胜任的员工及竞争岗位失败的员工,企业应对其进行转岗或专项业务培训,最终形成"选贤用能"的合理晋升体系。然而,以绩效和贡献为主的考核标准在与管理者"政治人"身份碰撞后,可能会出现一些偏差,这些偏差会导致企业并不完全以工作表现对员工进行考核评价。加之企业目标的多样性[4],可能会将这些偏差放大。如国有企业除了承担所有企业都有的经营职能,还承担着普遍服务等重要职能。

对于大型企业来说,国家需要其在创造收益的同时,还承担相应的社会责任,并提供相应的社会福利,这使得企业的性质具有了多样性。为了应对这种多样性带来的考核评价的复杂性,许多企业已经进行了改革,如针对国有企业提出的《中共中央 国务院关于深化国有企业改革的指导意见》已经做了明确规定,即根据国有资本的战略定位和发展目标,结合不同国有企业在经济社会发展中的作用、现状和发展需要,将国有企业分为商业类和公益类。通过界定功能、划分类别,实行分类发展、分类考核,提高改革的针对性、考核评价的科学性,最终从整体上实现国有企业经济效益和社会责任的有机整合。

但是从目前来看,许多大型企业仍然是经济效益和社会效益相互独立,其职能和目标众多而分散,内部岗位和任务多种多样,这就会导致管理人员的考核标准和晋升因素的多样化。所以,目前企业中员工的能力考核并不以业绩水平为唯一的标尺。除业绩外,还存在许多非业绩因素可能对企业员工的晋升起到作用,如员工的人力资本会让企业考虑其未来面对多样化工作的学习能力和发展潜力,员工的关系资源使其在职位晋升中获得一些潜在的优势等,这些因素都有可能使企业的晋升激励效用减弱,从而降低员工的绩效水平,影响企业的整体产出水平,阻碍企业的改革与发展。

综上,大型企业的改革与发展对于我国的经济发展是非常重要的。无论是国有企业还是私营企业的改革都要朝着现代企业的市场化方向靠拢。而企业的人事制度改革是企业发展的关键环节,良好的人才晋升与管理机制可以有效地提升员工的动力。而目前的状况是,国家虽然在政策层面强调了在选人用人中全面合理的业绩考核的重要性,并提出了企业管理者的"去行政化"、企业的"经济效益优先"等具体政策,但是大量的大型企业依然存在较多的管理"政治性"和目标"多样性"的情况,这会使影响晋升的因素变得较为复杂,最终影响企业的资源配置,降低企业的经营管理能力和绩效产出。

2. 理论背景

Ross提出了委托代理关系的概念[5],之后学者们对该概念进行了一系列的探讨,如Rubinstein和Radner发现,委托人和代理人保持长期的关系可以更为有效地发挥激励效用,因为委托人可以以代理人过去的一些业绩变量来衡量代理人的工作,使得代理人不容易通过减少工作产出的方式提升自身福利效用[6-7]。这里可以看出,在企业中,可以将企业决策者或企业所有者当作委托人,而将企业的员工或不同层级的管理者当作代理人,由于许多大型企业存在收入稳定且社会地位高的特性,员工不会轻易辞职,所以委托人与代理人之间会保持长期的关系。委托人在对代理人进行工作考核时,业绩是一个很重要的因素。如果以绝对业绩进行考核,Weitzman认为这会出现代理人业绩的棘轮效应,从而导致代理人的工作积极性下降并且产出降低[8]。之后,Lazear和Rosen提出了晋升锦标赛理论,认为可以利用相对业绩而不是绝对业绩来衡量代理人的工作[9]。那么,委托人在选择员工晋升时,也会将相对业绩的考核作为晋升标准,由此,我国学者周黎安提出了晋升锦标赛理论[10]。

之后大部分的晋升研究,都以该理论为基础,将员工的业绩因素作为影响晋升的主要因素进行分析。但是一些学者认为基于相对业绩的晋升可能会出现一些问题,如为了赢得晋升,晋升候选人会围绕考核做出一些短期业绩行为,如"形象工程"[11]、"过度投资"[12-13]或区域性保护等[14],这会与企业的长期利益相违背。同时,通过委托代理理论中的员工工作表现的甄别成本问题,人力资本理论中员工的知识、技能、经验、潜力等要素对企业长期发展的作用[15],高阶理论中管理者的个性化特质会对企业的发展产生影响等[16],可以看出,除业绩因素外,一些非业绩因素也可能对晋升产生较大影响。

然而,在研究企业的晋升问题时,却很少有研究将这些非业绩因素作为主要解释变量进行深入分析。同时,企业晋升问题的研究大多是以企业"一把手"的外部晋升为主[1,17],而对于企业内部相对低层级的晋升目前研究较少,而恰恰企业内部管理岗位的人事任用对于企业的发展会起到重要的作用。最后,基于激励理论中的公平性理论[18],不同因素的晋升会使员工产生不同的"公平感",这会影响对员工工作的激励效用,从而影响整个企业产出,降低企业人力资源配置。但是,从理论上来说大部分研究还是根据企业的某种固定的晋升机制会对未晋升的员工产生何种激励来进行分析的,较少有学者研究企业是否会同时存在多种晋升机制,且这些不同的晋升机制是否会对已经晋升的员工在新晋的、更为重要的岗位上产生不同的激励效用,从而影响企业的整体收益,这对于降低企业与员工双方的信息不对称水平、优化企业人力资源配置是十分重要的。

1.1.2 主要问题的提出

通过对实际背景与理论背景的分析,可以看出大型企业的改革对于经济体制改革的重要性,人事制度改革对于大型企业改革的重要性。而晋升机制的改革是人事制度改革中优化人力资源配置的一项核心工作。所以对大型企业员工晋升机制的研究是十分重要的,这可以使优秀的人在重要的岗位上发挥更为巨大的作用,从而促进企业提质增效,推进企业和社会经济的高质量发展。而晋升因素的不同会产生不同的晋升机制,晋升机制的不同则会对员工产生不同的激励效用。目前对于企业员工内部晋升的研究较少,尤其是非业绩因素对企业内部晋升的影响以及对晋升后的员工激励的研究较少,此类研究可以弥补相关领域的空白,并对企业的人事制度改革起到一定的借鉴作用。基于此,本书提出了需要研究的主要问题。

第一,在我国大型企业的员工内部晋升机制中,哪种晋升形式可以使员工获得较强的满足感?职位晋升是否为最重要的一种晋升形式?从实际背景中可以看出,企业中能够获得职位晋升的是少数人,所以企业中会存在多种基于员工职业发展的晋升形式。而在理论研究中,对于企业中职位晋升与其他形式晋升的重要性对比的研究较少,如不同的晋升形式使员工得到的满足感和获得感是否不同?哪种晋升形式更为重要?

第二,在我国大型企业的员工内部晋升机制中,除业绩因素外,非业绩因素是否对晋升具有较强的影响?现有文献对晋升的研究主要基于"一把手"的外部晋升,而实际上企业内部的不同层级的晋升也较为重要,内部不同岗位、不同级别的管理者能够引领企业的整体发展,且大型企业的"政治性"和"多样性"等因素,委托人"降低代理人工作水平的甄别成本"以及"给高人力资本员工更强的组织承诺"等行为,会导致业绩因素并不一定在晋升中起到十分重要的作用,而非业绩因素可能会在晋升中发挥较大的作用。如员工的学历、年龄、晋升前岗位任职年限、性别、关系资源等因素是否都会对晋升起作用?员工的关系资源等非业绩因素又应该如何进行度量?这些都是值得研究的问题。

第三,在研究不同因素对晋升的影响后,更进一步,如何基于一些非业绩因素去概括大型企业的晋升模式?对晋升模式的总结有助于对晋升的特征进行更为深入的分析,并可以对员工晋升决策的制定进行更为准确的辅助,这可以有效降低员工能力的甄别成本,为员工岗位"胜任力"模型的构建提供理论基础。所以引入一些大数据启发式算法对晋升数据进行分析,最终得到精度可控的企业员工晋升特征,是具有一定现实意义的。

第四,影响晋升的因素有很多,那么不同的晋升标准会对员工激励和企业绩效带来哪些影响?在大型企业中可能会同时存在不同的晋升标准或晋升机制,晋升标准或晋升机制的不同是否会影响员工的"公平感"?这种"公平感"不仅对于一般员工会产生不同的激励效用,对于获得晋升并到新岗位的员工是否也会产生不同的激励效用,从而使员工在新岗位上形成不同的业绩水平,最终影响企业的收益?那么企业应该如何做才能使自身收益最大化呢?研究这些基于晋升激励的问题对于企业业绩的提升是具有一定意义的。

1.2 关键概念的界定

本书以大型企业中管理岗位员工的内部晋升为研究对象,根据具体的研究内容,这里需要先对一些关键的概念进行界定。

多因素作用:本书提出的多因素作用,即哪些因素可以作为晋升的条件因素,对晋升的结果产生作用和影响。在本书的研究范围中,这些因素不包括外部的环境和政策因素,而主要为与员工本身相关的一些因素,如员工自身的一些个性化特征、关系资源以及工作能力水平等,本书会对此类因素进行阐述、分析、选择和构造,最终得到研究所需的自变量。

晋升机制:本书研究的晋升机制主要是指企业内部晋升的运行方式,即探究企业中不同层级员工获得晋升的原因。具体来说,需要分析哪些因素或衡量员工能力的指标会对晋升的结果产生影响?这些因素或指标会对晋升带来正向的作用还是负向的作用?以这些因素为基础是否可以明晰或概括出企业中潜在的员工晋升标准?更进一步,晋升的运行方式能够达到什么样的功能,即不同的运行方式对员工的激励效用和企业整体的资源配置会产生何种影响?

大型企业:国家统计局在2017年发布的《统计上大中小微型企业划分办法(2017)》中对不同行业的大型企业进行了定义,这里以交通运输业为例,需要同时满足年营业收入3亿元及以上,从业人员1000人及以上。大型企业包含私营企业和国有企业。私营企业是指由自然人投资设立或由自然人控股,以雇佣劳动为基础的营利性经济组织。国有企业是指国务院和地方人民政府分别代表国家履行出资人职责的国有独资企业、国有独资公司以及国有资本控股公司,包括中央和地方国有资产监督管理机构和其他部门所监管的企业本级及其逐级投资形成的企业。国有企业又可分为中央企业和地方企业。中央企业简称央企,其监督管理方一般为中央人民政府,此类企业整体来说包括企业总公司和各省、各地市以及区县的分公司等,企业内部组织架构复杂,具有较多的层级划分以及多样化的目标和职能;地方企业的监督管理方为地方政府,如省、地市、区县等不同级别的政府,整体上企业内部的层级和功能相对央企来说较为简单。本书的研究内容聚焦于大型企业内部不同层级的晋升,需要以大型的、相对复杂的、层级较多的企业为分析背景方能获得较为准确的、全面的结论。

晋升的形式：由于获得晋升的人员在全部员工中只占少数，所以为了加强晋升带来的激励效用，在大型企业内部会有多种形式的晋升，如从职位晋升和福利待遇提升两个方面来进行划分，可以细化为职位晋升、虚职的晋升、专业技术职务或职称的晋升、单纯的福利待遇提升等。本书首先要明确不同晋升形式的概念并探究其对员工满足感带来的不同影响，并以此为依据找到最为重要的晋升形式，确定整体研究的因变量。

职位晋升的层级：本书主要研究企业员工的内部晋升，不包括企业外部横向和纵向的晋升，如企业"一把手"的外部晋升等。在企业内部，晋升可以按不同级别进行划分，以行政级别为副部级的央企为例，其省分公司的级别为正厅级，地市分公司的级别为正处级。央企内部管理岗位的员工原则上可以在总部以及各分公司之间流动，内部晋升层级由低向高基本包括副科级、正科级、副处级（三级副）、正处级（三级正）、副厅级（二级副）、正厅级（二级正）、副部级等，随着层级的提升，获得晋升的人数会大幅度递减，同时也会呈现出一些个性化的特点。

晋升的模式：本书除了研究影响晋升的因素，还会概括和归纳晋升的模式。由于本书会运用数据挖掘的分类算法对晋升数据进行研究，所以依据机器学习中的相关概念，将模式定义为分类模型得到的精度可控的数据结论，即在不同因素的综合作用下，得到的具体晋升到某级别的人群的概括性、精准性特征。

1.3　研究意义与研究思路

1.3.1　研究意义

1. 理论意义

（1）为大型企业的员工晋升研究提供了新的分析视角

以往的研究主要关注业绩对晋升的影响，本书将研究视角定位为非业绩因素，如研究员工的关系资源、员工的一些人口学特征是否会对晋升产生较为明显的影响。本书研究的结论拓展了晋升因素的研究范围,可以为研究人力资本等变量对于晋升的作用提供理论依据。同时,以往的文献主要将研究的对象定位为企业"一把手",并用企业的营业收入等因素代表"一把手"的业绩,从而以该业绩为基础分析国有企业"一把手"的外部晋升机制。本书将研究视角聚焦于企业内部,通过一些非业绩因素分析了企业内部相对低层级的晋升模式,如从科级岗位晋升至副处级岗位、从副处级岗位晋升至正处级岗位等。研究对象的扩展丰富了晋升问题的整体研究框架,也可以为企业内部晋升评价指标的选择提供理论参考。

(2) 对影响大型企业晋升的因素进行了更为细致的划分

作为业绩因素的理论补充,本书对非业绩因素进行了更为细致的划分,首先细分了一些人口学特征因素对晋升的独立影响;之后构造了较为合理的员工关系资源的数据度量方式,并分析了其对晋升的影响;此外,本书通过交互项的设计研究了一些因素的交互对晋升的影响,如最终学历与性别、关系资源与不同的学历等级等,这有助于得到晋升机制中的一些更为深入的结论。本书的研究既考虑了不同变量对晋升的独立影响,又考虑了变量间的交互作用对晋升的影响,这有助于更为准确地把握既定的因素对晋升的影响及其相关机制,从而进行更为精准的分析,避免"管中窥豹"式的研究范式。

(3) 为大型企业中晋升模式的研究提供了新的方法

目前大多数对晋升机制和晋升模式的研究都以基于计量的回归分析为主,而基于数据挖掘建模方法的晋升模式研究较少,本书将数据挖掘中的分类模型与晋升研究相结合,通过不同算法的比较,得到了适用于企业人力资源数据的数据模型,并精度可控地、以不同因素共同作用的方式概括了大型企业的晋升模式和特征。这对企业的晋升模式识别、人才识别、岗位分类等领域的研究方法和思路起到了一定的拓展作用。

(4) 对大型企业晋升机制的激励研究进行了有效的补充

本书将大型企业中的晋升机制研究延伸至晋升公平感的范畴,探讨了晋升公平感对员工的激励效用,提出了大型企业同时存在的两种不同的晋升机制,并将研究对象聚焦为获得晋升的员工,以其在新晋岗位的业绩产出为基础,分析了不同机制起到的激励效用,这为晋升机制和晋升激励的研究提供了新的落脚点。更进一步,本书以企业的两种晋升机制和晋升候选人的两种策略空间为基础,深入分析了企业决策者与晋升候选人之间的晋升博弈模型,并以晋升后员工获得的不同激励水平为基础量化了企业获得最大收益的条件,这为传统的晋升候选人之间的博弈模型研究提供了思路上的补充。

2. 现实意义

(1) 有助于大型企业更好地设计晋升评价体系

本书深入剖析了影响晋升的因素,除业绩因素外,还包括人力资本因素、关系资源因素等,这些因素的变化和交互对员工在大型企业中的晋升产生了不同的作用,研究的结果有助于企业的决策层更为清楚地看到晋升中存在的问题,以及这些问题可能带来的影响,从而更好地分析和设计员工晋升的评价指标体系,并通过制定相关的政策和制度合理地解决晋升中存在的问题,有效推进企业中的人事制度改革。

(2) 有助于大型企业更好地理解晋升机制对员工的影响

本书从晋升机制、晋升公平、晋升激励、晋升博弈、企业收益等角度切入,分析了基于委托代理理论的晋升激励机制,这有助于企业的决策层更好地理解其内部的晋升机制对员工的影响,系统性地厘清晋升机制、公平、绩效、收益之间的关系,这对于企业晋升机制的设计以及晋升激励政策的制定具有一定的指导作用,能够帮助企业实现较好的激励相容,改善信息不对称以及代理人的风险问题,完善晋升机制,为优化企业人力资源配置水平提供现实依据。

(3) 有助于大型企业数据化、智能化的人力资源管理

本书通过数据挖掘的方法分析并概括了不同因素作用下的大型企业员工的晋升模式,基于人力资源数据的特点分析了数据挖掘晋升模型的精度,这对于企业推进智能化、数据化的选人用人机制,发展客观的、基于数据指标体系的员工能力预测机制和信息化人力资源管理具有一定的借鉴意义。同时,员工个人数据的有效处理、快速建模和分析能够降低晋升中的人才甄别成本,为企业人事制度中的岗位建设、选人用人提供有力的决策支持。

1.3.2 研究思路

本书以我国企业人事制度改革的方向为指导,以现有的基础理论和对国内外文献的梳理为出发点,以大型企业中的晋升机制研究为落脚点,以影响晋升的因素

分析为主线,以大数据方法为抓手,以非业绩因素对员工晋升的影响为主要内容进行研究。

在思路上,具体来说,首先是研究内容的确定。本书通过实际背景与理论背景的分析,提出要研究的主要问题,之后围绕提出的问题,对理论与文献进行综述,对现有研究进行总结、梳理并提出现有研究的一些未尽之处,以此推进本书的研究。之后是对具体研究内容的思路梳理。本书首先需要选定研究的因变量,即分析我国大型企业中多种晋升形式的重要性,确定职位晋升为因变量;其次选择自变量,并研究自变量对因变量的影响,即以相关理论以及大型企业的一些性质引出非业绩因素可能对职位晋升的作用,并选择相关非业绩因素作为自变量,通过回归分析研究自变量对因变量的影响;再次以这些自变量为输入,职位晋升为输出,通过数据挖掘算法归纳员工晋升的模式,并基于该模式深入阐述企业的晋升特点;最后以该特点为基础,引出晋升标准的不同可能导致的晋升不公平问题,并将该问题进一步延伸至对晋升后员工的激励效用与绩效的影响,从而分析企业晋升机制,以不同机制为基础进行博弈,分析企业的付出与收益等内容,全面、深入地研究多因素作用下我国大型企业员工的晋升机制。

具体的研究思路如图 1-1 所示。

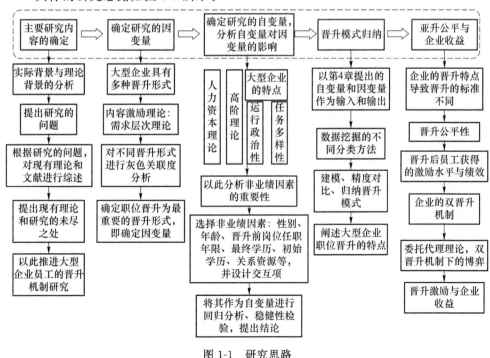

图 1-1　研究思路

1.4 研究内容与研究方法

1.4.1 主要研究内容

本书以人力资本理论、高阶理论、管理激励理论以及委托代理理论为基础,以文献综述为出发点,第一,对不同晋升形式进行梳理,利用灰色关联度的方法研究不同晋升形式对员工的激励效用;第二,对影响晋升的因素进行思考,选择基于人力资本的员工人口学特征因素并数据化地构造员工关系资源因素,将这些因素作为独立变量并设计交互变量,运用 Logistic 回归模型深入分析变量的变化对晋升的影响,并以业绩变量的引入、晋升层级的变化为出发点替换数据集进行模型的稳健性检验;第三,利用数据挖掘分类方法中的决策树、随机森林(RF)、人工神经网络(ANN)、支持向量机(SVM)等算法对数据进行建模和精度对比,并基于不同因素的综合作用概括出大型企业员工的晋升模式和特征;第四,研究大型企业晋升机制的公平性,分析其对员工晋升后的激励效用,提出大型企业内同时存在两种晋升机制,并运用多层模糊综合评价的方法进行论证,以不同晋升机制为基础,构建委托人与代理人之间的晋升博弈模型,以此研究大型企业中的晋升激励、绩效与企业收益关系的问题;第五,基于研究结果提出相关政策建议,分析不足并对未来的研究进行展望。

本书每章的具体内容如下。

第 1 章为绪论。本章为整个研究的概览,主要包括研究的背景、问题的提出、关键概念的界定、研究的理论与现实意义、研究思路、研究内容、研究方法、研究的技术路线、研究的创新点等内容。

第 2 章为理论基础和文献综述。理论基础部分主要阐述与本书相关的人力资本理论、高阶理论、管理激励理论以及委托代理理论,分析这些理论的发展、主要内容以及其对本书研究的支撑作用。之后本章对相关文献进行梳理与评述。第一,分析晋升的概念与作用、晋升的路径与理论。第二,基于现有文献对晋升进行划分,并通过文献分析大型企业的员工晋升特点。第三,将文献中对晋升因素的研究分为对业绩因素以及非业绩因素的研究并进行分析,将业绩因素对晋升的影响研究进行梳理并总结相关问题,之后从关系资源与人口学特征两个方面梳理文献中非业绩因素对晋升的影响研究。第四,分析关于组织公平与晋升博弈的现有研究,将现有文献分为组织公平与晋升公平、公平与绩效的关系、晋升中的博弈三部分进行总结。第五,梳理基于数据挖掘的智能化方法,阐述一些典型数据挖掘方法的概念与特点,重点梳理与本书相关的一些经典分类算法的概念、发展与应用,并分析现有文献中数据挖掘方法在人力资源管理与人才晋升中的应用以及存在的问题。第六,对现有文献进行总结与评述,为后续的研究提供理论与文献基础。

第3章为大型企业中的不同晋升形式分析,主要研究在我国大型企业的多种晋升形式中,哪种晋升形式最为重要,使员工获得的满足感最强。首先,本章对我国大型企业中的晋升形式进行划分,转型期间许多企业的行政化特征使其员工身份定位较为模糊,本书认为这种模糊性会使企业员工既存在职位晋升的愿望,又存在薪酬提升的愿望。同时,由于企业中只有小部分人能够获得职位晋升,为了激励更多员工,企业形成了多种晋升形式。其次,本章以内容型激励理论为依托,对各种晋升形式进行分层次的满足感分析。最后,本章基于企业问卷数据进行实证研究,以需求层次理论为基础设计灰色关联度模型,通过关联度的计算得到职位晋升为我国大型企业中最重要的晋升形式的结论。

第4章为大型企业中影响员工职位晋升的因素分析。首先,本章需要对相关的理论和文献进行回顾,分析以业绩因素作为职位晋升的标准可能出现的一些实践和理论层面的问题,以人力资本理论和高阶理论为基础分析非业绩因素中的一些员工人口学特征因素对晋升的影响,以及关系资源因素对晋升的影响,进而确定职位晋升研究的自变量。其次,本章以相关文献研究为基础,结合大型企业内部晋升的实际情况,在自变量中设计员工关系资源的数据度量方式,以老乡关系、校友关系、关键岗位履职、交流挂职的有条件累加对关系资源进行较为客观的刻画。最后,为了减小业绩因素的影响并填补以往学者们研究的空白,结合相关文献,本章将分析对象聚焦到大型企业中科级管理者晋升为处级管理者的情况,以此分析企业内部的晋升特点。本章以某大型企业以及其各省、地市、区县分公司为研究对象进行数据选取和基于 K-means 聚类的数据规约,之后选取相关非业绩因素并设计交互项为自变量,以 Logistic 回归模型对影响员工晋升到处级管理岗位的因素进行分析,并采取两种思路对模型进行稳健性检验:①为使研究更具客观性,在原数据样本中筛选出以经营业绩为主要考核依据的员工,并增加业绩指标为控制变量,以此验证在控制了经营业绩因素后,原本的变量是否仍然具有显著性;②为拓展研究的适用面,将原有数据替换为副处级晋升为正处级以及正处级晋升为副厅级的数据,并验证在晋升层级提升的情况下原本的变量是否仍然具有显著性。最终得到相关结论。

第 5 章为大型企业中职位晋升模式分析。首先,本章分析数据挖掘中的分类算法在职位晋升中的一些应用,并阐述决策树、随机森林、支持向量机与人工神经网络等主要分类算法的计算方式。可以发现,如果只需要得到不同因素的变化对晋升的影响,那么通过回归分析即可实现;如果要概括出具体的晋升模式,则需要用到数据挖掘中的分类算法。其次,本章基于企业真实的人力资源数据,对员工的职位晋升进行分类模型的构建。在模型构建时,将第 4 章分析的影响晋升的因素作为模型的输入维度,而将是否获得职位晋升作为输出维度。确定维度后,分别选择从正科级到副处级的晋升、从副处级到正处级的晋升以及从正处级到副厅级的晋升三个数据集,每个数据集都会通过 K-means 聚类以及每类按比例随机选取的方法进行处理,从而得到维度值相对较为均衡的数据。在此数据的基础上,分别运用随机森林、C4.5 决策树、C5.0 决策树、支持向量机、人工神经网络等分类算法,并加入 Logistic 回归模型进行对比。为了使研究更具客观性,对于数据量较大的样本,分别随机选取样本总量的 25%、50%、75% 以及 100% 进行分类模型的构建,并将每次所选择数据中的 70% 进行模型训练,剩余 30% 进行精度校验。同时,为了防止过度拟合并提升结构的整洁性,对于决策树和随机森林,在建模时都进行了剪枝处理。最后,通过对比找到最适用于晋升数据的分类模型,并以该模型来概括不同层级的晋升模式和特征。

第 6 章为大型企业中的晋升激励与企业收益。首先,本章研究晋升中的公平性问题。在我国大型企业中非业绩因素对晋升存在显著影响,由于一些诸如人力资本的存量资本等非业绩因素无法通过努力工作实现,员工会认为此类基于非业绩因素的晋升存在不公平性,这种不公平感会降低晋升对员工的激励程度,从而影响企业的绩效产出。相反地,以业绩或工作能力为主要考核依据的晋升能够使员工获得较高的公平感并对员工产生较大的激励效用,从而提升其绩效产出水平。基于此,可以提出:晋升公平除了对一般员工会产生不同的激励效用,对于获得晋升的员工同样会产生不同的激励效用。其次,本章通过相关数据进行简单的对比分析,对通过人力资本或关系资源晋升的员工在新岗位上的产出与通过工作业绩晋升的员工在新岗位上的产出进行对比。再次,本章进一步阐述晋升中的委托代理问题,分析委托人对代理人工作水平的不同度量方式所引发的问题,同时基于我国大型企业任务多元化以及晋升行政化等,提出在我国大型企业内部的诸多岗位中,以业绩因素为主和以非业绩因素为主的两种晋升机制会同时存在,并且员工可以感受到两种晋升机制的同时存在。本章基于对企业内不同岗位员工的问卷调查数据,通过多层模糊综合评价的方法对此进行论证。最后,基于同时存在的两种晋升机制,本章以不同的晋升机制会对晋升后的员工在新岗位上产生不同的激励效用为基础,提出了一种基于晋升的委托代理博弈模型,分析当晋升候选人选择不同工作状态,委托人选择不同晋升机制时,晋升作为一种激励手段对于委托人和代理人产生的福利效益,并计算企业获得最大收益的条件。

第7章为结论与展望。首先,本章对本书得到的所有结论进行梳理和总结;其次,基于结论给出相关的政策建议;最后,分析本书研究的不足并对本方向未来的研究进行展望。

1.4.2 研究方法

(1) 文献分析与理论推演

本书的研究建立在大量相关文献的精读和总结的基础之上。本书首先对相关的理论和文献进行分析,通过文献对晋升的概念和大型企业的特征进行界定,对职位晋升的不同模式进行划分,对大型企业的晋升特点和影响晋升的因素进行归纳,对组织公平、晋升激励和晋升博弈进行梳理,对数据挖掘方法和其在人力资源管理中的应用进行总结,从而奠定整体的研究思路;同时,通过对文献的分析,发现现有研究的不足,明确本书的研究方向。此外,本书在对不同问题进行分析时,分别以人力资本理论、高阶理论、管理激励理论以及委托代理理论为基础进行理论推演,提出相关假设,形成本书研究的逻辑框架。具体来说,本书以人力资本理论和高阶理论分析一些人口学特征以及关系资源对晋升的影响,以管理激励理论中的内容型激励理论分析不同的晋升形式并设计关联度模型,以管理激励理论中的过程型激励理论以及委托代理理论分析晋升公平、晋升激励与企业收益。

(2) 实证分析

基于研究内容,研究者通过到企业内的实地访谈、线上咨询以及与企业进行科研合作等形式调研了企业相关的人力资源管理专家、人才测评专家、不同岗位以及不同级别的员工等,由此得到实证所需的相关员工信息数据、员工问卷数据、企业基础性政策、企业发展规划等,并通过以下方法进行实证分析。

灰色关联度分析。灰色关联度的方法可以用来发现引起一个系统变化的主因素和次因素。本书基于在企业不同晋升形式下员工满足感的调研数据,利用灰色关联度的方法进行晋升形式重要性的实证分析,这里以不同的晋升形式和其带来的满足感建立模型,计算出不同晋升形式的关联度,由此分析职位晋升是否为我国大型企业中最重要的晋升形式。

Logistic 回归分析。Logistic 回归分析可以用来进行变量之间的相关性分析。基于研究的因变量为晋升和未晋升的二分类变量,本书通过二元 Logistic 回归的方法对影响员工晋升的因素进行实证分析。基于大型企业的员工内部晋升数据,首先构建 Pearson 相关系数矩阵进行自变量间的共线性检验,之后以自变量的变化对因变量的影响为依据,对不同因素在晋升中的作用进行分析,并将设计的交互项带入回归模型,研究一些因素的交互对晋升的影响,最后进行模型的稳健性检验。

分类算法分析。数据挖掘中的分类算法可以用来归纳晋升的模式和特征。本书利用分类算法进行实证分析。基于大型企业的员工内部晋升数据,将影响晋升的因素作为模型的输入维度,而将是否获得职位晋升作为输出的目标维度,利用随机森林、C4.5 决策树、C5.0 决策树、支持向量机、人工神经网络等分类算法,随机选取部分数据进行模型构建,并将数据在训练集中建模,在测试集中进行精度校验,此方法可以对不同算法的精度进行比较。同时,为了防止过度拟合并提升结构的整洁性,对于决策树和随机森林,在建模时都利用剪枝方法进行处理。最后,找到最适用于晋升数据的分类模型,并以该模型的分类结果为基础分析晋升的模式和特征。

多层模糊综合评价分析。多层模糊综合评价通过隶属度函数来描述模糊性，并通过对模糊集的运算和变换对模糊对象进行分析，最终得到一个较为综合的评价。本书基于大型企业中员工对晋升机制看法的调研数据，以大型企业内不同岗位的多层构架为基础，按照最大隶属度原则，进行多层模糊综合评价分析，得到在我国大型企业内部的诸多岗位中，员工都会感受到同时存在以业绩因素为主和以非业绩因素为主的两种晋升机制的结论。

（3）比较研究

在我国大型企业的内部晋升中，不同层级的晋升有可能会有相似的特性，也有可能会有不同的特性。本书通过对正科级晋升为副处级，副处级晋升为正处级，以及正处级晋升为副厅级三种不同的晋升层级进行比较研究，分析了在不同层级中影响晋升的因素是否相同，晋升的模式和特征有何区别，并基于不同层级晋升的比较得出相关结论并给出企业内部晋升的政策建议。此外，在分析不同因素对晋升的影响时，本书以不考虑业绩因素和考虑业绩因素两种方式进行比较，客观地分析非业绩因素对晋升的影响是否具有稳健性。

（4）博弈分析

本书以大型企业内部同时存在的两种晋升机制为基础，以企业采用的不同晋升机制，员工晋升前选择的不同工作状态为策略空间，以不同的晋升机制会对晋升后的员工在新岗位上产生不同的激励效用为切入点，基于委托代理理论提出了一种基于晋升的博弈模型，分析了晋升候选人选择不同工作状态，委托人选择不同晋升机制时，晋升作为一种激励手段，对于委托人和代理人产生的福利效用，并计算得出企业想要获得最大收益的条件。这可以降低企业与员工之间的信息不对称性，优化企业人力资源配置，形成员工与企业双赢的局面。

1.4.3 技术路线图

本书每部分的研究都遵循研究思路、研究内容、研究方法相协调的原则，并以背景分析—提出问题—理论基础—研究现状—研究突破—研究设计—模型构建—实证分析—研究结论—政策建议的逻辑推进研究，具体的技术路线如图1-2所示。

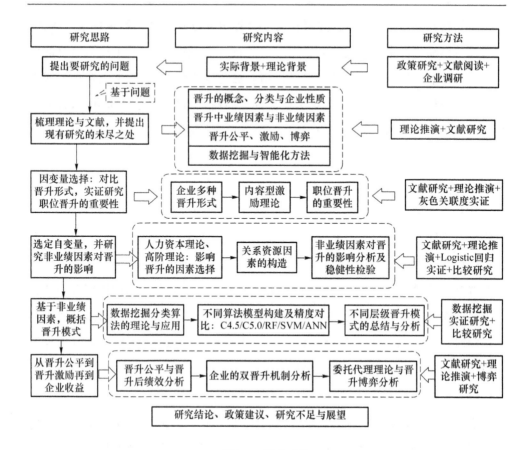

图 1-2 技术路线

1.5 本书创新点

本书的创新之处和研究贡献主要体现为以下四点。

(1) 将大型企业中的晋升形式与需求层次理论相结合,对不同晋升形式的重要性分析进行创新

以往的研究主要是基于职位晋升与薪酬提升这两个因素的对比分析,且较少将研究对象设为我国大型企业,而大型企业的晋升形式恰恰较为丰富。同时,以往的研究主要是将晋升获得的满足感直接当作一个因变量进行回归分析,并没有通过理论来分析构成员工满足感的因素。

基于此,本书在职位晋升与薪酬提升的基础上进行进一步细分,基于大型企业的实际情况选择了多种不同的晋升形式,并创造性地基于内容型激励理论中的需求层次理论,按员工不同层次的需求设计影响晋升满足感的因素,并将这些因素带入结构上较为适用的灰色关联度模型进行综合分析。本书的研究明确了大型企业中哪种晋升形式对员工是最为重要的,为企业晋升研究中的因变量选择提供了一定的理论基础。

(2)定位于企业内部不同层级,选择并构造非业绩因素作为主要解释变量对影响晋升的因素进行创新研究

对于晋升问题,大部分文献主要关注"一把手"的外部晋升。但是企业内部各层级的晋升也是较为重要的,不同层级的管理者是企业的中坚力量并体现着企业的发展潜力。相较于企业"一把手",这些管理者较为年轻,具备一些个性化特质,可能会在不同层级呈现出不同的晋升特点,而以往文献却对企业的内部晋升鲜有研究。同时,由于"一把手"是企业的第一决策者和负责人,所以业绩因素被认为是考核负责人能力的重要指标,大部分研究都把业绩因素作为其晋升的重要解释变量之一。但是在企业内部晋升中,由于企业目标的多样化、众多岗位的不同功能、人力资本对企业的发展影响、委托人对代理人工作表现的甄别成本等问题,非业绩因素的作用可能会变得较大。此外,以往研究对于员工关系资源这一因素的构造存在一些问题,如不同的因素作为独立变量无法准确地刻画员工的关系资源,企业内相对低层级的员工不具备企业"一把手"的一些外部身份,没有考虑不同的情况对关系资源度量的影响等。

基于此,本书创造性地将研究聚焦到企业内部晋升上,通过内部不同层级的晋升分析得出相关结论,研究对象的扩展丰富了晋升研究的整体框架。同时,不同于以往的以业绩因素为主要解释变量的晋升研究,本书以理论和文献为基础,选择了一些重要的非业绩因素,并基于企业内部员工的实际情况,更为合理地构造了员工的关系资源这一因素的数据测度。本书以这些因素及其交互项为主要解释变量进行分析,得到相对客观的非业绩因素对企业内部晋升会产生影响的结论,并添加业绩因素为控制变量进行稳健性检验。相关结论揭示了大型企业中非业绩因素对于晋升的作用,并为晋升研究中一些非业绩因素的选择及构造提供了理论依据。

(3)将晋升与数据挖掘方法相结合,对晋升数据的处理和晋升模式的归纳进

行创新

在分析晋升问题时,大部分文献都以样本数据的回归分析为主,从而找到影响晋升的因素。这里存在两个问题。一是没有通过智能化的方法对数据进行选取。由于企业中只有少数人会获得晋升机会,数据会出现某些维度的维度值不均匀的情况,如因变量中晋升与未晋升的人数占比,自变量中的性别、学历等,这会导致研究结论的不准确。所以在以往研究中,一些学者会对数据进行"目的性"的主观选取,这会从某种程度上降低结论的客观性。二是回归模型主要针对变量间的相关性分析,即自变量对因变量的影响,而不能对晋升模式和特征进行综合的概括和归纳。同时由于回归分析的结论一般会存在一定的不确定性,研究也需要其他方法对回归的结论进行进一步验证。

基于此,本书利用数据规约的思路,采用 K-means 聚类算法对未晋升人员的数据进行聚类,保证每一类类内成员的相似性最高,而类之间的相似性最低。之后对聚类后的每一类进行类成员的按比例随机选取,可以达到科学地、自适应地选取数据的目的。此外,本书将由 Logistic 回归分析得到的影响晋升的因素作为输入,将是否得到晋升作为输出,利用数据挖掘中的多种分类算法进行建模和精度对比分析,利用分类模型分析多个自变量对于晋升的综合作用,从而归纳并总结不同层级晋升的特征和模式,并由此对回归分析的结论进行二次验证。本书得到的多种晋升模式为企业内部不同层级晋升特征的研究提供了一定的理论基础,同时数据挖掘方法也为企业晋升数据的处理和分析提供了新的思路。

(4) 以获得晋升的员工为对象,对晋升机制的激励研究进行了创新

以往对晋升激励的研究主要存在三点不足。第一,主要聚焦晋升公平对员工整体的激励,但是没有单独考虑晋升机制的不同对于晋升后的员工在新岗位上的激励,而员工在新岗位上责任更大,员工不同的工作状态会对企业的整体收益产生更大的影响。第二,大多数研究没有明确分析大型企业内可能同时存在的、因人而异的两类晋升标准,这两类同时存在的标准会加大晋升带来的不公平感。第三,在以往的晋升博弈研究中,大部分都以晋升候选人之间的博弈为主,如晋升锦标赛,而研究决策者和被晋升者之间的博弈较少。此外,在双方的博弈中,一般都是以业绩影响晋升这一线性关系为基础进行的不同情况分析,没有考虑非业绩因素对双方的影响。而事实上,基于非业绩因素的晋升可能对公平、激励和产出都存在较大

影响,从而影响博弈模型的构建。

基于此,本书以获得晋升的员工为研究对象,分析了由于非业绩因素的存在,已经获得晋升的员工在不同的晋升机制或标准下的工作激励及产出水平,创造性地提出了大型企业中可能存在的、由业绩和非业绩因素主导的双晋升机制。之后,本书以企业采用的不同晋升机制,员工晋升前选择的不同工作状态为策略空间,以不同的晋升机制会对晋升后的员工在新岗位上产生不同的激励效用为切入点,构建了委托人与代理人之间的基于职位晋升的博弈模型,该模型能够分析不同晋升机制对晋升后代理人的行为的影响以及对委托人和代理人产生的福利效用,并计算得出企业获得最大收益的条件。本书的研究为晋升博弈提供了新的思路,研究结论为企业晋升激励机制以及晋升薪酬的设定提供了理论基础。

第 2 章　理论基础和文献综述

2.1　相关基础理论

2.1.1　人力资本理论

　　人力资本理论是本书的一个重要基础理论，在研究一些影响晋升的因素时，可以发现人力资本在其中起到了较为重要的作用，人力资本是为了提高人的能力而投入的一种资本，这种资本依附在劳动者个体身上，是劳动者的知识、技能、经验、潜力、健康等要素的综合。所以人力资本既包含员工本身的一些基于人口学特征的存量资本，又包含能够不断提升其工作能力的增量资本。人力资本是社会发展和企业提升竞争力的关键因素之一，学者 Sengupta 和 Shakina 通过研究发现，社会整体人力资本的提升可以有效推进经济的增长[19-20]。同时，Crook 和邓学芬等学者发现，具备较高人力资本的员工能够为企业带来更多的业绩[21-23]，所以，学者 Becker 认为，具备高人力资本的员工对劳动市场和企业的吸引力更强，更容易在劳动市场中获得成功[24]。当今是人才竞争的时代，随着经济的不断发展，如何使员工的人力资本提升，如何留住高人力资本的员工也就变成非常重要的战略内容[25]。所以为了推动企业的改革与发展，将具有高人力资本的员工晋升到更高、更为合适、更为重要的岗位上是非常必要的。

　　学者 Schultz 于 1961 年在美国经济学年会上发表的《人力资本投资》的演说被

认为是现代人力资本理论诞生的标志[15]。随后人力资本作为一个经济学概念慢慢被人们熟知。人力资源管理中真正引入并重视人力资本是在20世纪80年代左右,企业的内部和外部环境发生了很大的变化,这使无形资产变得更具竞争力,成为企业突破发展瓶颈的关键因素之一,因为无形性使得竞争对手很难去模仿[26]。企业人力资源管理的概念需要对"人"有一个更为全面和准确的定义,企业不应该只把员工当作成本,更应该把员工当作企业发展的重要资本之一,如在企业与员工的关系中要考虑如何提升员工的能力,如何激励员工等,由此提升企业的业绩水平[27]。

那么,影响人力资本的因素包括哪些呢?Schultz曾提出了一些开创性的观点[15]:第一,人力资本主要体现在人身上的知识、能力和健康;第二,人力资本的获取需要时间成本和机会成本,如学历教育和在职培训体现了时间成本,而健康等身体状况则能够反映出一定的机会成本;第三,物质需要人力去操控,所以人力资本是比物质资本更重要的资本,可以有效推进经济的发展;第四,应当依据变化的供求关系对人力资本进行投资。

这里可以看出教育是影响人力资本的一个主要因素,Naro等学者认为通过教育可以获得知识,并且接受教育的程度可以体现人的能力[28-29],教育程度越高则可以认为人的认知水平越高,学习能力越强。Autor以及Acemoglu等学者提出,随着社会的不断发展,技术的进步对高技能人才的需求体现了教育程度的价值[30-31]。这里将Schultz的理论进行拓展,我们可以看到能够体现人的能力的并不只有教育因素,如随着工龄的积累,劳动者的经验和技巧将会得到提升,而这也能体现出劳动能力和劳动质量。此外,人的性别可以从一定层面上区分出体能和精力等劳动能力,年龄也能从侧面反映出人的体能、精力和健康状况。早期经济学家对于劳动力的认知一般局限于同质性较强的体力劳动,所以会以劳动力的数量来代表生产力,而现代人力资本理论除了关注体力性的劳动,更加会关注劳动的质量[32],而上述因素都会影响劳动质量,所以这些都可以认为是影响人力资本的因素。

人力资本应该如何被度量呢?目前,学术界对于人力资本的度量以及企业对于人力资本的识别一般都以人力资本的投资方式和投资程度为参考。如员工的受教育程度、员工的工作年限、员工接受在职培训的次数或学历提升的程度等,都可以用来作为人力资本的度量。对于企业来说,员工入职时的学历等存量资本是可以度量的,由此可以判断其初始的人力资本;除了存量资本,其在工作岗位上不断积累的经验和技巧可以被当作增量资本,这些增量资本相对存量资本来说不容易进行准确的度量,但是可以通过业绩等因素进行基本判定。从人力资源管理的角度来说,为了提升员工的人力资本,企业需要对员工进行必要的在职培训、在职学历提升等,这样做可以进一步提升员工的能力,为企业带来收益。

从组织或企业管理的角度来说,除了提升员工的人力资本,还需要激励高人力资本员工,使员工发挥更大的作用。学者 Eleder 以及 Freund 和 Holling 认为高人力资本的员工与普通员工相比在工作中需要获得更多的成就感[33-34],Ballout 以及 Coyle-Shapiro 和 Conway 等学者通过研究发现,当高人力资本员工感受到更多的组织支持时,他们会认为组织非常重视他们的才华与能力[35-36]。在组织内部,除了让员工感受到交流带来的尊重和器重,员工职位晋升以及薪酬待遇的提升也能够体现出较强的组织承诺感。通过组织的关注与支持,组织承诺感向高人力资本员工传递一种信号,即他们得到了管理层的重视。由此,根据社会交换理论,Settoon、Nathan 和 Liden 等学者认为高人力资本员工也会回报组织[37],他们不仅会感到有义务留在组织中,而且愿意与组织形成一种长期的交换关系,将自我的发展与组织的发展相统一,这能够降低员工的离职率并提升组织的整体收益。

2.1.2 高阶理论

人力资本理论揭示了人的能力的重要性,从某些层面上反映出人的一些特有资本可以作为晋升的要素,从而在更高的岗位上促进业绩的提升,是人力资源优化的一种形式。除人力资本理论外,学者 Hambrick 和 Mason 提出了高层阶梯理论,即高阶理论。该理论认为,管理者不同的个性化特征会使其对面临的组织情境或形势做出不同的判断和决定,这说明管理者的年龄、性别、教育背景以及工作经历等容易被识别的特征可能会影响管理者的决策选择及风险偏好[16]。管理者的战略和决策影响着整个组织的发展以及组织中其他人员的行为模式,因此,组织的行为体现着管理者的行为[38]。回到本书研究的晋升问题,在众多候选人中选择晋升者时,由于员工要被晋升到具有更高决策权的岗位,晋升后的员工在这些岗位做出的战略选择和决策可能会影响企业的整体业绩和发展,所以晋升候选人的一些个性化的特质可能会被考虑,使其成为影响晋升的因素。

高阶理论认为,组织中的管理人员会根据自身的心理特质进行有限的理性决策。所以,要想了解企业的运作模式,就要先了解其管理人员的心理,而由于整个管理层的准确的心理数据较难捕获,所以一般会利用人口学特征作为心理特征的代理变量进行相关问题的研究[39]。

自高阶理论被提出以来,学者们以此为基础进行了较为深入的研究。Jackson 以及 Finkelstein 和 Hambrick 对高阶理论最初十年的一些成果进行了总结[40-41]。Carpenter、Geletkanycz 和 Sanders 对高阶理论二十年的研究进行了梳理,并提出了修正高阶理论的分析框架[42]。Hambrick 通过研究提出了以组织的管理团队而非个人作为研究对象的必要性[38]。孙海法提出了高阶管理团队运行效率模型,并且从管理团队的资源整合到过程整合视角对管理团队的研究进行了综述,创新了研究视角[43]。Eisenhardt 和 Schoonhoven 认为,管理团队的规模较为重要,大团队比小团队拥有更多的资源,更容易协调和解决问题[44]。但是 Smith 等认为,随着管理团队人数的增加,团队冲突可能加剧,从而导致团队一致性下降[45]。

通过对高阶理论中管理者特质的研究,学者们发现管理者的一些特质会影响企业行为,包括企业的业绩产出或战略选择等。Dempster 通过研究发现,性别差异会导致管理者对事物的认知不同,处理事物的方式也不同。相较于男性管理者,女性管理者更愿意尝试新方法去解决问题[46]。任颋和王峥认为,女性管理者能够提升企业绩效,这种业绩的提升会随着女性管理者的人力资本的积累而加强[47]。与之相反,Tihanyi 等则认为女性管理者的战略决策较为保守[48]。除性别外,管理者的年龄会显著影响其战略决策行为[49],越年轻的管理者越容易做出战略性的变革[48]。对于教育背景方面,Smith 等学者通过研究管理者的教育背景,发现管理者的受教育程度与其业绩水平正相关[45],Wiersema 和 Bantel 以及 Camelo-Ordaz、Hernández-Lara 和 Valle-Cabrera 等学者都发现学历越高的管理者适应能力和创新能力越强,越容易进行企业改革[49-50]。同时,姜付秀等学者提出,学历越高、年龄越大的管理者更容易抑制过渡性投资[51]。此外,陈璐等学者通过研究发现,管理者的社会资源会对战略选择和企业绩效产生一定影响[52]。管理者之前的任职经历可能会对其在新晋升岗位上做出的决策产生影响,如有海外任职背景的管理者会拓展企业的国际化经营业务[49]。总之,通过大量研究表明,管理者的性别、年龄、受教育程度以及任职背景等因素都会对企业的发展产生较为重要的影响[53-54]。

人才晋升是企业人力资源管理中非常重要的一部分,通过高阶理论可以发现,人才的特质在人才晋升到管理岗位后会对企业的整体营收、战略发展起到至关重要的作用,所以在晋升的过程中,一些人口特征变量可能就会变得比较重要,是非常值得考虑的因素,会影响晋升结果。此外,不同特质的管理者对晋升激励带来的刺激所产生的反应也是不同的,因为特质的不同会使其能力、视野和价值观产生差异。

2.1.3 管理激励理论

通过人力资本理论和高阶理论可以看出,高人力资本会带来高绩效,同时个性化的管理者会有不同的决策行为,所以企业会倾向给予高人力资本的员工更强的组织承诺,同时根据员工的特质对其进行任用。所以这里可以看到,员工晋升的标准并不是完全参照员工的工作业绩,可能还会涉及一些人口学特征或其他因素。所以,在晋升的过程中,有一些并不是通过努力工作就得到的因素会起到作用,除存量的人力资本外,甚至可能还包括晋升候选人的一些关系和资源,这些因素会使员工群体认为晋升存在不公平现象。而晋升本身可以视为组织内的一种管理激励行为,这种员工认为的不公平性就会降低对员工的激励效用,甚至出现负向激励,从而导致企业出现业绩下滑的情况。

激励理论是管理学领域的一个很重要的理论,自20世纪以来,激励理论经历了由仅满足物质需求到满足多样化需求、由激励条件泛化到激励因素明晰、由激励基础探索到激励过程研究的历史演变过程,形成了目前较为成熟的激励理论体系[55]。管理激励理论是激励体系中很重要的一个分支,其主要从员工的需求、目的和动机来考虑激发员工的积极性,按照激励的侧重与行为关系的不同,管理激励理论可以分为内容型、过程型、行为改造型和综合型[56]。

(1) 内容型激励理论

内容型激励理论主要从激励的起因以及能够达到激励效果的因素进行分析,提出员工受到激励的程度取决于员工对需求的满意程度。其代表理论主要包括需求层次理论、ERG(生存-关系-成长)理论、双因理论、成就需求理论等[57]。

学者 Maslow 提出的需求层次理论把人的需求概括为五个层次,这五个层次由低向高逐级递进,只有满足了相对低层次的需求,才会进入高层次的需求阶段。Maslow 的需求层次理论显示,由于人的需求是多样的,激励方式也应该是多样的,需要按照被激励者所处的不同环境进行有针对性的激励设计[58]。所以这里可以看到,晋升激励是否可以满足员工的多层次需求是值得本书研究和探讨的。Maslow 需求层次理论被学者 Guterman 和 Alderfer 拓展为 ERG 理论,即生存(Existence)、关系(Relatedness)和成长(Growth)理论,该理论把需求概括为生存、关系和成长三个层次,并提出人们在追求高层次需求受挫时,会重新追求低层次需求[59]。Maslow 需求层次理论和 ERG 理论都认为只要满足员工的需求,就能对员工起到激励作用。然而,学者 Hemberg 提出了"激励-保健"双因理论,该理论认为仅仅满足员工的需求不足以对其进行激励,就像对身体的保健不能直接提升身体的健康水平一样。除满足员工需求外,还需要注重工作内容对员工的激励。学者 McClelland 提出了成就需求理论,其把需求分为成就需求、权利需求以及情谊需求,认为具有较强成就需求的人会把个人成就的获得看得比物质的获得更为重要,所以应该更看重个人成就方面的激励[60]。以上述理论为基础,本书会深入探讨企业的哪种晋升形式可以使员工获得更强的满足感。

(2) 过程型激励理论

过程型激励理论主要研究人们行为动机的形成过程。代表理论包括期望理论、公平理论和目标设置理论。

学者 Vroom 提出期望理论,该理论认为人们只有在预期通过努力可以达到某种目标时才会被激励,从而努力去达到目标[61]。该理论可以解释按业绩晋升要比按能力或资历晋升更为合理,因为业绩是可以预估的,而能力和资历是无形的。学者 Adams 提出公平理论,该理论认为员工判断所得的酬劳是否合理不仅受其获得酬劳多少的影响,更会受其与其他员工的酬劳进行比较的影响。所以,人们通过与他人进行比较来感知公平性,即横向的相对比较。与他人比较后如果认为结果不合理,那么就会降低公平感[18]。所以这里可以看出,有违公平感的激励机制会减弱激励的效果。以该理论为基础可以发现,如果员工认为晋升机制和晋升结果缺乏公平性,那么会影响其产出,最终导致企业整体收益下降。最后,在过程型激励理论体系中,学者 Locke 提出了目标设置理论,其认为目标是激励人们的主要手段,设置目标时应符合具体性、挑战性、认同性三个标准[62]。

(3) 行为改造型激励理论

行为改造型激励理论提出,激励的目的是要改造人们的行为方式,使企业的员工能够在满足自我需要的行为中选择组织预期的行为。心理学家 Shakina 和 Barajas 提出了操作条件反射理论,认为人的行为是对外部环境的刺激所做出的反应,所以只要改变外部环境[20],人的行为就会发生相应的改变,所以企业可以通过改造环境来保留并鼓励能够对员工产生积极影响的行为,同时消除对员工产生消极影响的行为,从而产生较好的激励效果[63]。

(4) 综合型激励理论

综合型激励理论主要是将上述几种激励理论进行内在和外在的统筹考虑。内在因素包括任务本身的酬劳、对任务完成的期望以及完成任务的效价;外在因素包括完成任务所带来的外在效价,如晋升的可能性等。综合型激励理论表明激励的效果取决于多种激励因素的共同作用[57]。学者 Greenberg 和 Baron 进一步提出了 VIE 理论,该理论认为激励是绩效(Value)、手段(Instrument)和期望(Expectancy)的乘积,每一项越大,激励则越强,但是其中任何一项要素若为零,激励就为零[64]。

2.1.4 委托代理理论

在晋升的过程中,管理者究竟该晋升谁才能使企业的收益最大? 由于信息不对称性的存在以及最大化自身利益的思考,管理者和被晋升者之间,以及不同的晋升候选人之间都会产生利己的行为以及期望不一致的情况,这会导致逆向选择和道德风险问题的出现,从而降低企业的人力资源配置。所以本书引入委托代理理论对该问题进行研究。

委托代理理论属于激励性契约机制,宏观上说属于经济学视角的激励理论。委托代理理论中,拥有私人信息的一方被称为代理人,而处于信息劣势的一方被称为委托人。委托代理理论在于探寻委托人效用最大化与代理人效用最大化的平衡。现有的委托代理理论是在新制度经济学框架下展开研究的[65],委托代理关系的概念最早由学者 Ross 提出:如果代理人基于委托人的利益行使了一些决策权,则委托代理关系就产生了[5]。构建委托代理的激励性契约有三个条件:一是激励相容约束；二是参与约束；三是委托人向代理人支付酬劳后获得的效用不会因采用其他契约而有所提高[66]。学者 Ross、Wilson 以及 Spence 和 Zeckhauser 将委托代理问题进行了数学框架化的表示[5,67-68]，即状态空间模型化方法[69]。之后，学者 Mirrlees 利用分布函数的参数化方法构建了委托代理模型[70]，并与 Holmstrom 一起建立了一阶条件模型[71-72]，并对模型完成了进一步拓展。

在上述研究的基础上，许多学者对委托代理模型进行了进一步的探讨，Rubinstein 以及 Radner 发现，委托人和代理人保持长期关系能够更有效地发挥激励效用，因为这样委托人更容易通过以往的一些业绩变量来衡量代理人的工作表现，使代理人较难通过减少工作付出的方式提升自己的福利效用[6-7]。学者 Fama 以及 Holmstrom 又研究了声誉效应可以降低代理人的风险问题，即在长期的代理关系中需要通过努力的工作来提升自己的声誉，以此发送显示其能力的信号[73-74]。学者 Holmstrom 和 Milgrom 通过研究发现，当代理人同时进行多项工作时，对其中任何一项工作的激励不仅取决于该工作的可观测性，还取决于其他叠加工作的可观测性[75]。学者 McMillan 提出如果代理人是团队形式，那么团队中任何一个代理人对整体产出的边际贡献依赖于所有代理人的共同努力[76]。

委托代理理论采用了古典经济学中有关参与人的假设，即理性人假设，这里假设每个参与者都会在给定的约束条件下争取自身利益的最大化，同时由于信息不对称性的存在，代理人在追求自身利益时就会出现偏离委托人利益最大化的行为，即双方目标出现偏差。如在本书所研究的晋升问题中，委托人想要晋升能够在新岗位上产出最大业绩的员工，从而增加企业的整体收益；而众多代理人则可能会想要通过最小的付出获得晋升，并且在晋升到新岗位后继续通过最小的努力获得晋升，这与委托人的目标是不一致的。所以这时，委托人就需要付出成本对代理人的工作进行观测，并增加额外的激励成本对代理人的目标进行纠偏。那么如何衡量代理人的工作表现呢？学者 Weitzman 提出了基于代理人业绩的棘轮效应：如果委托人以代理人以往的业绩来对代理人进行工作评定，那么当代理人能够持续完成工作时，委托人对代理人的期望也会不断提高，从而导致设定的业绩目标不断提高，最终使代理人的工作积极性下降[8]。为解决此类问题，学者 Lazear 和 Rosen 提出了著名的锦标赛理论，即委托人通过代理人之间的相对业绩的比较来对其进行评判，这里利用相对业绩而不是绝对业绩来衡量代理人的工作表现[9]。以此为基础,我国学者周黎安提出了晋升锦标赛的概念,以晋升候选人之间的相对业绩作为晋升的标准之一[10]。

这里可以看出,委托人需要通过一些方式去衡量代理人的工作表现,由此对其匹配相应的福利。需要指出的是,虽然解决代理人的道德风险问题是委托代理理论的主要研究内容之一,但是委托人本身同样也存在道德风险问题[77]。委托人在甄别代理人工作表现时,由于信息不对称性的存在,甄别需要付出相应的成本,但是委托人为了减少甄别成本或受其他一些因素的影响可能会出现甄别主观性、随意性的情况,即不真实评判代理人工作的道德风险问题。而此时由于不可验证性的存在,代理人可能无法证实委托人的甄别情况。在本书要研究的晋升问题中,这可以理解为管理者通过一些主观的、简单的、不客观的方式衡量晋升候选人的工作表现,从而晋升了并不合适的员工。员工的努力程度不容易进行衡量且员工的工作能力也不容易进行衡量[76],这就会导致企业决策者利用人力资本中的一些存量资本因素去衡量员工的努力和能力的行为的出现。所以,本书尝试利用委托代理理论去研究此类问题。

2.2 晋升概述

2.2.1 晋升的概念

随着数字时代的深入,市场竞争的提速,人才已经成为非常重要的竞争资源,也是企业发展的核心要素之一。管理者思维认为所有的工作最终是落到具体的人身上去执行的,业务规划和工作计划做得再好,如果执行者在行动上或思想上出现问题,又或者精力和能力达不到,导致业务规划和工作计划不能有效实施,也会使工作出现很大问题。所以人岗相适是企业发展的原动力之一,对于企业来说,人才的晋升、使用、发展都变得非常重要。人才的晋升能够对员工进行有效的激励,从而使员工发挥更大的价值,为企业创造更多的收益。而好的人才晋升机制也能够优化企业的人力资源配置,使企业的发展达到良性循环。

从激励角度来说,晋升是企业非常重要的激励手段之一。晋升一般包括职位的晋升、专业技术职务或职称的晋升(如高级经济师或高级工程师等)、虚职的晋升(如调研员或项目经理等)、基于福利待遇的晋升等形式。后三种晋升形式虽然各有不同,但晋升的好处却均是主要体现在提升福利和待遇上,此外,第二种和第三种晋升形式还会提升员工一定的受尊重感。而第一种则明显不同,职位的晋升主要是指员工职务的升迁,即由原来的工作岗位调整到另一个承担更大责任、同时拥有更大权力的岗位,员工在该岗位上有更大的空间去施展自己的才华,实现自身价值,当然也会享有更好的福利待遇。学者李君安通过研究发现,相较于福利待遇的提升,员工更倾向于职位的晋升。职位晋升可以有效地提升员工的幸福感,且职位晋升对于员工幸福感的影响远大于薪资的提升[78]。日本学者 Takahashi 通过研究表明,在日本的一些大型企业中,员工更加倾向于职位的晋升而不是薪资和福利待遇的提升,即职位晋升可以对员工产生更大的激励效用[79]。如果员工可以在企业中看到自己的发展前景,或企业能够给员工提供更多的职位晋升机会,员工甚至愿意接受相对较低的薪资水准[80]。

人们往往会将职位晋升与薪资待遇、职业安全感、组织内地位、个人工作能力、业内声誉和工作条件等诸多因素联系在一起。所以职位晋升是晋升中非常重要的一种形式,具有普遍价值和认同感,被认为是衡量员工自身价值的实现和在组织中获得成功的重要标准之一[81]。

对于职位晋升的路径模型,学者 Gibbons 和 Katz 提出了一种晋升路径[82],即通过管理者对员工能力的认识来实现。这一类模型通常假定在员工进入工作岗位时,由于信息的不对称性,没有人知道其真实的能力,但随着时间的推移,管理者会通过观察员工之前的业绩逐步更新对员工真实能力的认知。管理者总会晋升能力较强的员工,同时也可以向上或者向下调整对员工能力的认知,所以这类模型还可以用来解释降级或者其他更为复杂的员工职业发展路径。学者 Gibbons 和 Waldman 还研究了另外一种晋升形式[83],即通过员工能力的积累来实现。假设所有新进入企业的员工当期的能力值都低于某一个固定阈值,他们被指派到某一岗位,随着员工的经历和阅历的增加,其人力资本在不断积累,能力也在不断提升,直到员工的能力高于某个阈值,晋升就发生了。

学者 Waldman 认为,晋升一名员工是由于其能力较强,那么在一个开放的、充满竞争的劳动力市场中,其他企业在观察到这名员工的晋升后也会通过高薪资等手段吸引其跳槽。所以,市场中不同企业为其提供的平均薪资构成了该员工晋升后的薪资水平,原企业为了挽留该员工就要付出较高的薪资进行匹配。所以,企业会提高晋升的门槛并只允许少部分员工晋升,这会导致一些在原岗位上产出水平较高,但是产出增量却不足以匹配晋升后工资增量的员工无法得到晋升[84],即会出现员工能力较强但是企业却不愿意晋升他们的情况。

学者 Milgrom 和 Oster 通过研究发现晋升中有两个衡量能力的临界值 A^* 和 A^{**},其中 $A^*<A^{**}$,只有在能力介于 A^* 和 A^{**} 之间的员工才能获得晋升,能力小于 A^* 或大于 A^{**} 的员工都不会得到晋升,这种现象出现的原因是更高级的岗位对能力的依赖也更强,所以企业对于晋升后的高能力员工不得不支付更高的薪资,而如果将其放在低级别岗位上也能创造很高的产量,同时却只需要支付较低的薪资,这就保证了企业可以从员工身上充分榨取剩余价值[85]。该研究是在假定具备高能力的员工无论是在低级别的岗位还是在相对高级别的岗位上,其产量都高于低级别的员工的基础之上得到的结论。但是可以看出,如果不晋升能力强的员工有可能会对其产生负向的激励,这些员工会认为自己没有获得应有的待遇,那么其在主观上会降低产量或产生离职意愿[86],从而造成企业整体人力资源配置的下降。

此外,学者 Bernhardt 对 Waldman 的理论进行了延伸,研究了员工在其职业生涯的晋升过程中有多个晋升层级的情况。他发现较早获得首次晋升的员工会在之后获得更多的晋升机会,即产生晋升的"快速轨道"现象[87]。造成该现象的原因有二:第一是在较低层级中被首次晋升的员工被认为是能力很强的员工,继续晋升他们会降低企业的甄别成本;第二是由于企业间的人才抢夺和人才竞争,继续晋升这些已经被认为是能力强的员工,企业所付出的整体成本较少。这也从某种程度上解释了在晋升中经常出现的"一步赶不上、步步赶不上"的现象。

以上就是对晋升的概念和相关理论研究的综述。我们可以看到在晋升的研究中,学者们都是以员工的能力或产出为自变量进行分析的,即以"能力较强的员工获得晋升"为研究基础。那么,影响晋升的因素到底都有哪些呢?从我国企业来看,一般以营利为目的的私营企业的员工晋升会以产出为主导因素,但是一些承担社会职能的大型企业或国有企业的晋升则会有一些不同,接下来将梳理相关研究。

2.2.2 职位晋升因素的划分

目前,对于我国来说,业界将影响职位晋升的因素大致划分为以下两类。

一是"关系论"和"政绩论",其核心思想是认为晋升可以通过关系和政绩两种方式实现,且这两种方式可以在晋升中相辅相成,互相补充[1]。关系论认为政府官员的晋升与其业绩(如地方 GDP 或相关绩效考核)并不直接相关,而是与官员本身的人脉资源呈现出较强的正相关性。然而政绩论则认为官员的晋升与其所负责区域的 GDP(国内生产总值)等政绩呈正相关[88]。在政绩论中,周黎安提出的地方官员的晋升锦标赛理论具有一定的代表性,该理论认为地方官员的晋升激励是推动地方经济发展的主要因素,即官员想要晋升的动力推进了其对地方经济的治理[89]。所以,地方官员为了赢得晋升锦标赛,会逐步利用各种方法来提升其业绩。同时,学者丁从明等认为,想要获得晋升的官员为了在短期内获得较明显的业绩,会做一些无实际用处的"面子工程"和"形象工程"的工作[11]。

二是"存量资本"和"增量资本",此类划分主要以企业高管的晋升为依据,其核心思想是认为员工个人的存量资本以及其在工作中努力获得的增量资本都有可能影响晋升。员工的存量资本可以认为是一个相对固定的值,不会随着其工作的努力而发生变化,如员工自身的一些特质或一些人口学特征,包括性别、年龄、学历、晋升前的岗位等。增量资本指员工在工作岗位上通过个人努力所做出的生产性行为或非生产性行为,如提升了业绩并为企业带来了收益,或者积极打造个人关系资源或承担一些政策性负担等。更为细化的,学者张霖琳等通过研究发现,晋升机制在央企和地方国企之间被差异化执行[17],央企高管的晋升依赖其个人努力做出的业绩;而地方国企高管在更为明显的晋升锦标赛的影响下,更愿意依赖关系资源获得晋升。

这两种划分方式包括官员的晋升以及企业管理者的晋升,实际上大型企业中员工的晋升与政府官员的晋升是有相似之处的。学者杨瑞龙等针对大型国有企业提出,由于其管理者身兼"经济人"和"政治人"的双重身份,也会存在像政府官员一样的行政晋升模式,而非企业中的职业经理人[1]模式。学者李维安和孙林通过研究发现,尽管大型国有企业已经在向经济型治理转型,却依然存在高管任免行政化的特征[90]。学者郑志刚等提出,从晋升的程序上看,我国国有企业管理岗位的任职人员仍然是由各级党委按照政治程序、组织程序进行任命[3]的。

国有企业在大型企业中具有较强的代表性,国有企业中的晋升机制为高管的任用去向搭建了横向和纵向两方面的桥梁。横向上的晋升即与政府之间的交流挂职;纵向上除了在企业内部晋升,还可以通过职位的晋升到更高级别的企业中去任职[17]。学者Bai等提出,从国家对国有企业提出的目标和要求来看,企业的性质本身就具有多样性[4],国家需要国有企业在创造收益的同时,承担较大的社会责任,并提供社会福利,所以企业"不唯业绩"的性质削弱了业绩对晋升的影响。整体来看,国有企业的目标和职能具有多样性,内部岗位和岗位职责也具有多样性,加之晋升的任用去向也存在多样性,这就使其所需的人才具有多样性和综合性的特征。所以,国有企业人才的选拔和任用并不仅仅以追求业绩为唯一的标尺,往往还包括培养干部等目的,所以除业绩外,还存在许多因素可能对国有企业人才的晋升起到作用。刘青松等学者通过研究发现,国有企业中的晋升与企业业绩并不直接相关,而与一些非业绩因素存在较强的相关性[91]。

这里,我们将国有企业承担多样化的社会服务等职能的特征进行拓展,可以发现除国有企业外,许多大型的私营企业也具备相似的特征,如许多大型信息技术类私营企业所提供的产品也在逐步成为人们常用的信息通信平台、搜索引擎平台、线上交易平台等,这些企业在数字经济时代承担着社会化的数字公共服务职能,且内部岗位职责也具有较强的多样性,其所需人才也就具有了多样性和综合性的特征,并不仅仅以业绩为唯一的标尺。所以,随着5G、大数据、万物互联等数字技术的发展,快速转型中的大型国有企业和大型私营企业在选人用人方面具有一定的一致性,本书以大型企业为研究对象分析影响员工晋升的因素。

2.2.3 业绩因素对职位晋升的影响

由2.2.2中职位晋升因素的划分可以看出无论是"关系论"和"政绩论",还是"存量资本"和"增量资本",都是将晋升按照业绩因素和非业绩因素进行刻画的。传统思维中,我们一直认为天道酬勤,越努力越进步。所以以绩效产出、工作努力程度为代表的业绩因素一般会作为自变量来刻画晋升这个因变量,有时管理者会认为业绩或绩效能够直接刻画出员工的工作能力。学者 Woodruffe 指出员工的绩效不仅包括行为和结果，而且还包括素质与能力，能力是架起行为和结果的一座桥梁[92]。能力能够体现价值，所以在晋升中管理者自然要晋升业绩水平较高的员工。

关于业绩对晋升的影响，Lazear 和 Rosen 提出了锦标赛理论，他们构建了一个理论模型来解释企业内部的晋升机制，假设企业内有两名同质的、风险中性的员工，在竞争一个更高的职位时，能否胜出取决于他们之间业绩的相对排序，即边际产出的排序，而不取决于每个人的绝对业绩[9]。可见业绩在这里被当作晋升的重要因素。

对于我国地方官员的晋升，业绩是一个非常重要的因素。在政策和制度方面，我国《党政领导干部选拔任用工作条例》中规定，组织部门在选任干部时须从"德、能、勤、绩、廉"五个方面进行全方位考核。可以看出，在这五个方面中，"绩"相对于其他四个指标来说更容易进行量化，所以业绩在晋升的考核中起着十分重要的作用。在学术研究方面，学者 Bo 利用中国省级官员的政治流动数据进行实证分析，发现地方官员如果对地方经济的治理较好，即存在较好的经济绩效，那么有助于提升其晋升概率[93]。更进一步，相关学者又通过建立绩效模型分析了中国省级官员的晋升，认为经济绩效，包括地方省份的经济增长率及上缴中央的税额均有助于其进一步晋升[94]。此外，学者 Li 和 Zhou 通过研究也发现，上级官员主要依据经济增长来考核并提拔下级官员，官员的经济业绩与晋升概率呈现出正相关性[95]。所以，对于我国官员晋升的研究，许多学者都倾向于以经济增长等能够反映官员业绩的因素作为晋升的主要衡量依据。

对于企业员工的晋升，业绩也是主要因素之一。在政策和制度方面，早在 2003 年，国务院国有资产监督管理委员会针对国有企业就出台了《中央企业负责人经营业绩考核暂行办法》，将企业经营业绩作为国有企业高管年度考核及任期考核的重要依据，企业业绩考核指标包括营业收入增长率、资产收益率、国有资本保值增值率等。在学术研究方面，学者 Cichello 等通过研究证明，出色的业绩表现有助于大型企业高管的晋升[96]。学者 Hermalin 和 Weisbach 总结性地提出"能力假设"[97]理论，即决策层会将业绩作为衡量员工努力程度和能力水平的"指示器"，如果企业高管的业绩越差，则证明其能力越差，那么越容易发生非自愿性离任。基于该观点,学者 Hu 和 Leung 对我国 916 家企业高管的离任数据进行了实证分析,发现业绩较差的企业会有更多的、更为频繁的高管离任[98]。此外,廖冠民和张广婷通过分析中国 A 股国有上市公司的高管晋升数据,发现高管的业绩与晋升存在相关性[99],并提出盈余管理对于晋升的重要性。张红、周黎安和梁建章通过数据证实了除政府外,企业内也存在晋升锦标赛,即员工间的相对业绩排序能够影响企业内部晋升;并发现低职位的晋升竞争者可能来自企业内的同一下属部门,而高职位的晋升竞争者则会来自整个企业范围内的相同级别的员工[100]。

然而,也有部分学者对于业绩决定晋升提出质疑。本书把质疑分为三个层面,第一个是资源配置层面,如果单纯由业绩决定晋升会产生一些问题;第二个是定性研究层面,业绩可能并不是决定晋升的主要因素;第三个是数据实证层面,单纯由业绩数据去研究晋升会导致结论偏差。

第一个层面:一些学者认为业绩决定晋升会在某些层面降低整体的资源配置,如锦标赛理论中提到的以竞争者的相对业绩或产出决定晋升,这会导致这些竞争者为了达到晋升的目的,在日常管理中做出一些机会主义行为。学者 Kini 和 Williams 发现,企业高管为了赢得晋升锦标赛会倾向于制定一些风险性决策,如高研发投入、高资产负债率等,从而增加整个企业的风险[12],实证研究也同样可以证实晋升锦标赛会提升企业的风险,如加速企业股价的崩盘等[101]。对于地方官员来说,丁从明、刘明和廖艺洁发现,晋升锦标赛在某种程度上会扭曲管理者的行为,如会导致面子工程和形象工程的出现[11],或以高成本、高消耗为代价提升业绩,并会出现地方保护主义,破坏市场竞争的公平性的情况[14]。针对企业管理者,学者卢馨、何雨晴和吴婷认为,追求职位晋升会导致企业高管迎合地方政府的业绩需求,做出诸如过度投资等破坏企业长期利益的行为[13]。

此外,学者 Peter 和 Hull 以及 Milgrom 和 Roberts 提出,单纯的以业绩决定晋升会导致"彼得原理"的出现,即在企业中如果只是比较员工的业绩,那么员工会趋向于被晋升到其无法胜任的位置[102-103]。这种情况会经常出现,如一个业绩优秀的营销员并不一定适合做高管,一个科研业绩突出的教授并不一定适合做校长等。对于企业来说,如果员工被晋升到其无法胜任的位置,必将会降低企业整体的资源配置水平。

第二个层面:学者 Opper 和 Brehm 通过数据分析发现,对于高层级管理者来说,在控制了其与更高层级管理者的关系这一变量后,经济绩效对晋升的影响变得不再显著[104]。而对于相对低层级的管理者,学者Landry发现经济绩效对其晋升没有明显作用[105],或经济绩效对低层级管理者的晋升影响是不稳健的[106]。学者Jia、Kudamatsu和Seim研究发现,业绩是晋升的基础因素,但是在业绩达到一个下限阈值后,其与晋升的相关性就会变弱,而其他因素的作用则会显现出来[107]。此外,对于大型企业来说,学者Kato和Long认为企业经营目标的多样化会导致业绩让位于某些社会性的目标[108],这时企业业绩对高管的晋升影响会变得很小。学者丁友刚和宋献中对大量上市公司数据进行实证分析,发现在政府主导的情况下,企业高管的晋升与业绩无关[109],究其原因,大型企业除经营业绩要求外,还会存在相关政治要求以及普遍服务要求[4],这种性质导致其治理模式并不是完全以市场为主导的企业治理模式,所以业绩对于晋升的敏感性会有所下降,高管也较少会因业绩不佳而受到实质性的惩罚,如降级处理等[110],所以高管的晋升可能还会与其他一些非业绩因素有关。

第三个层面:对于官员和高管来说,学者陶然等认为,相对于其他指标,业绩虽然容易量化,但并不能完全衡量出高管的能力水平等因素,即不能做到"德、能、勤、绩、廉"的全面考核。更进一步,如果业绩作为衡量晋升的主要因素,那么参与锦标赛的竞争者会存在扭曲业绩数据的激励,加之数据自下向上逐级申报会加大扭曲程度,从而导致业绩数据的不准确,使一些研究的结论出现偏差。此外,以业绩数据衡量晋升本身就存在一定的内生性问题,如上级想要培养某个管理人员,或该管理人员有较强的关系资源,那么会将其派遣到某个经济指标较好的下属区域进行任职,从而推动其业绩,达到晋升的目的,这会导致影响晋升因素研究的因果互置[111]。所以如果单纯以业绩数据分析晋升,会出现一定的问题。

2.2.4 非业绩因素对职位晋升的影响

事实上,在考虑晋升的因素时,除了业绩因素,还有一些非业绩因素可能会影响晋升,而这些非业绩因素并不是通过员工的辛勤工作产出获得的。我们可以把非业绩因素分为关系资源和人口学特征两类。关系资源主要包括晋升所需的一些资源和关系网络;人口学特征是指客观存在于员工身上的特质,如性别、年龄、任职年限、学历等。一些研究表明,这些非业绩因素也会对晋升产生较为显著的作用。

(1) 关系资源

关系资源在某种程度上代表了一个人的关系网络和向上的资源,包括员工与上层管理者的老乡关系、校友关系、家庭关系、朋友关系等,还可以拓展到员工晋升前的岗位和工作经历,比如这些岗位和工作经历是否可以使员工获得更多的关系,员工是否与更高层管理者有更多的接触机会以及员工是否在更高层管理者面前有更多展示自己的机会等,并最终体现为其晋升的资源[112-116]。

学者 Boubakri、Cosset 和 Saffar 认为,对于我国企业来说,关系资源是一种十分重要的资源[117],学者吴文锋、吴冲锋和芮萌认为,高管可以通过其关系资源帮助企业获得收益[118]。学者黄再胜通过研究发现,企业中高管的任免权更像是"廉价股票权"[119]。此外,丁友刚和宋献中,杨瑞龙、王元和聂辉华,张霖琳、刘峰和蔡贵龙,以及卢馨、何雨晴和吴婷等学者都通过某些测度构建回归模型得到企业"一把手"的履职背景等关系资源与晋升存在相关性[109,1,17,13]的结论。

关系资源作为自变量在各种基于晋升的研究中都会有其构成的方法,如根据被晋升者与上级管理者间的籍贯是否相同而构建老乡关系,被晋升者与上级管理者间是否曾在一所大学就读而构建校友关系等。本书认为这些关系网络的数据构造并不十分严谨,具有一定的主观性,如被晋升者与上级管理者的籍贯和院校的数据信息并不一定十分准确,且两人籍贯或院校即使相同也并不一定能够准确地反映出被晋升者与上级管理者之间的亲疏关系,如被晋升者与上级管理者的籍贯都为某省会,企业也坐落于该省会,则不能简单地认为两人存在亲近的老乡关系,因为企业所在地会出现籍贯为该城市的大量人才就职的情况,从而使假设变得不客观。被晋升者与上级管理者都曾在一所大学就读,但是时间跨度较大,也不能简单地认为两人存在亲近的校友关系。所以单纯地以这些数据为基础直接进行分析,结论可能会存在一定偏差。

在影响晋升的非业绩因素中,本书认为除关系资源外,被晋升者本身的一些人口学特征也是十分重要的,而这些数据一般是可量化的、客观的、确定的,将其作为自变量进行分析可以得到相对较为准确的结论。

(2) 人口学特征

① 学历

根据人力资本理论,学者 Naro 和 Simionescu 认为,接受教育的程度可以体现出人的能力[28],受教育程度不同的人群具有不同的知识和综合素质,学历较高的人群学习和工作能力都会更强,在该人群中培养出优秀人才的概率会更高。所以对于企业来说,在高学历人群中进行员工招聘会比在低学历人群中进行员工招聘付出更少的信息甄别成本。而对于企业高管来说,根据高阶理论可以发现,高管的受教育程度能够反映其决策管理水平。学者 Rosenbaum 通过研究证实具有更好的教育背景的高管更容易获得成功[120]。这是因为教育水平向企业传递了正向的信号,即个体的认知能力较强,且具有更强的责任心,这有利于企业业绩的提升和快速的发展[121]。学者 Hayek、Thomas 和 Novicevic 将学历作为人力资本的形成性指标,证实了学历对薪资水平也会产生正向影响[122]。

对于晋升来说,员工的学历,包括工作后通过继续教育获得的学历的差异也能够直接反映员工的个人诉求,并体现为员工对晋升的需求程度。高学历的员工对晋升的需求更高,同时由于能力较强,培养成本相对会低一些,也就成为企业对员工晋升的一个衡量因素。学者 Hall 通过研究发现,员工就读的大学的排名、员工的学位类型等,都会对其未来在企业的晋升起到明显的作用[123]。学者 Stolzenberg 通过研究发现,在大型组织中,教育程度对晋升的影响甚至要高于工作业绩[124]。此外,学者 Osterman 和 Rosenbaum 通过研究进一步发现员工在入职前获得的学历和入职后进行的在职学历提升都可以为其增加在企业内晋升的概率,但是前者的影响更为显著[125]。近年来,我国学者杨瑞龙、王元和聂辉华以及张霖琳、刘峰和蔡贵龙通过研究发现,我国大型企业中学历越高的高管越容易获得进一步的晋升[1,17]。

② 年龄和资历

年龄和资历有时可以当作工作经验和人力资本的度量,可以反映出员工的工作技能,学者 Baron 通过研究发现,企业会根据资历为员工划定部分薪资等级[126],因为随着员工年龄和资历的积累,其在企业中会熟练掌握相对更多的工作技巧,也就具备了更强的为企业创造收益的能力,也就更容易获得晋升。

但是,也有学者对年龄和资历与晋升呈正相关性持否定态度,学者 Wilson 和

McLaren提出,员工的潜在工作能力会随着年龄和资历的增加而下降[127]。此外,学者Rosenbaum认为,年龄和资历会与其他因素共同作用来影响员工的晋升。在员工职业生涯的早期,如员工入职时,由于管理者对员工能力的认知不足,学历因素会被认为是员工能力的表现,从而对晋升起到主要作用。随着员工年龄和资历的增长,其能力也在被不断认知,同时获得的技能也越来越多,包括对企业的一些专用性资本的积累,这些积累对企业来说是非常有价值的,这时年龄和资历就变成了一个影响晋升的显著因素。但是随着时间的进一步推移,员工的体力和精力会下降,这时得到晋升的可能性也会逐步降低[128]。

近年来,学者杨瑞龙、王元和聂辉华以及张霖琳、刘峰和蔡贵龙通过研究发现,在我国大型企业内部高级别的管理者中[1,17],年龄与晋升前景成反比,学者李维安和孙林通过对省属企业"一把手"的研究也发现了同样的规律[90]。通过上述的研究数据可以看出,这些高管并不是刚入职的新员工,他们的年龄或许已经达到或接近体力和精力下降的阶段,所以这时相对年轻成为晋升的资本,这也印证了Rosenbaum提出的理论。

③ 性别

根据人力资本理论,由于受生育、家庭分工等因素的影响,女性往往会被家庭牵扯较多的精力[129],由于女性承担了更多的家务活动,所以部分女性被动地减少了在企业中工作的努力程度,从而降低了生产率,这会使女性呈现出低于男性的业绩产出,导致其晋升机会的减少。同时,学者Pekkarinen和Vartiainen通过研究发现,女性晋升率低的原因之一也有可能是女性持续工作的稳定性较差,即女性受家庭等因素的影响退出劳动力市场的概率显著高于男性,而企业在员工晋升前却恰恰需要进行专用性的人力资本投资,这就会降低女性在职场的投资回报率,从而降低企业对其的培养价值[130]。

许多研究表明,女性的晋升概率会低于男性。学者Cannings通过对加拿大企业的研究发现,女性晋升到管理层的概率显著低于男性[131]。学者Spurr对美国的白领进行研究也发现了类似的情况,即女性晋升到高级管理者的概率只有男性的一半[132]。近年来,学者Blau和Devaro的研究表明尽管晋升的工资回报在性别之间没有差异,但女性的晋升概率却显著低于男性[133]。此外,男性和女性在做同样的工作时,晋升的标准可能不尽相同。学者Winter-Ebmer和Zweimüller对澳大利亚人口抽样数据进行分析发现,白领员工中女性晋升的标准要高于男性[134]。学者 Baldwin 通过研究发现女性晋升概率低的原因是男性员工不喜欢女领导[135],男性员工被女性领导时会出现负效用,所以只有补偿了负效用后女性才能获得晋升。学者 Eagly 和 Karau 认为女性本身被赋予的社会角色与其晋升后的管理者角色存在冲突,这会导致社会对女性管理者的偏见,从而使女性员工获得的晋升机会较少[136]。从性别特质对决策的影响的角度来看,学者 Barber 和 Odean 以及 Watson 和 McNaughton 分别通过研究发现,在财务决策中女性管理者比男性管理者更为保守[137-138],同时 Huang 和 Kisgen 发现男性管理者往往表现得过于自信[139],所以男性在工作行为上比女性更为激进和冒险,也更渴望获得职位的晋升。国内学者近年来比较有代表性的研究有:颜士梅、颜士之和张曼证实了女性晋升存在天花板现象[140];卿石松通过对全国抽样调查数据进行分析得到女性的晋升标准要高于男性,并且一些能力特征变量对于晋升的作用也存在基于性别的差异[141]。

2.3 晋升公平与晋升博弈研究

2.3.1 组织公平与晋升公平

组织公平从激励的视角来看属于管理激励理论中的过程激励理论,其对员工来说是非常重要的,如果在晋升中不能做到公正的考核和选拔,那么对员工的激励将会产生较大影响,如导致员工业绩下降甚至骨干员工离职,这对企业来说会降低整体的人力资源配置。

在组织行为学中,对组织公平的研究可以分为结果公平(分配公平)、程序公平和互动公平三个阶段。结果公平的概念最早由学者 Admas 提出,员工判断酬劳的分配是否公平不仅受其获得酬劳的绝对值影响,更会受其与参照对象相比的相对值的影响,即分配公平,分配公平有助于调动员工的积极性[18]。但在实际中,分配公平很难实现,如业绩或产出不容易获得精确的计量,获得酬劳的多样化使其不容易被比较,缺乏群体性公平的概念等。之后,学者 Thibaut 和 Walker 提出了程序公平的概念[142]，即控制制度的执行过程，保证在执行的程序上一视同仁。学者Leventhal、Karuza和Fry进一步提出了程序公平在组织中的应用，即程序公平的六个标准[143]，这六个标准涉及制度的制定和执行，学者Greenberg对其进行了实证研究[144]，并指出员工由此获得的公平感会显著增加，从而受到更多的正向激励，为企业带来更多收益。可见，结果公平和程序公平的双维度结构比单一的结果公平更加科学合理，对员工满意度和组织承诺度的提升也更加有效[145]。学者Bies和Moag引入了互动公平的概念，即在制度或程序的执行时，管理者能够使员工感受到真诚的互动，员工能够获得清晰、及时以及合理的解释，这个互动的过程可以增强员工的公平感[146]。之后学者Greenberg进一步将其分解为人际公平和信息公平[86]，人际公平主要是指在程序的执行过程中员工能够感受到尊重和理解，信息公平则是指在程序的执行过程中员工获得了其有权了解的信息。学者Colquitt将结果公平、程序公平、人际公平和信息公平称为公平的四维度[147]。

企业中的晋升机制也会涉及组织公平，如果员工认为企业的晋升机制不合理，那么将会对其工作积极性产生影响，所以晋升中的公平性也就变得非常重要。学者McEnrue对企业中的晋升公平进行了分析，指出晋升落选、晋升渠道和晋升标准都会对员工的晋升公平感造成影响[148]。在晋升中员工之间会进行比较，学者Beehr等发现，员工会对自己与他人的晋升因素进行对比，并且认为业绩是晋升的重要标尺，如果存在其他因素影响晋升，那么会认为晋升过程有失公平性[149]。学者Foley、Kidder和Powell通过研究得到不同性别员工的晋升公平感存在显著差异[150]，即晋升中的性别歧视会对公平感造成影响。学者Schwarzwald等基于平衡理论进行研究，发现员工对晋升结果的公平感知能够影响员工的出勤率、积极性以及企业归属感[151]。所以，学者Bagdadli和Paoletti提出，员工的晋升公平感能够显著影响其对企业的满意度[152]，并且发现晋升公平性的提升能够有效降低员工的离职率。

所以，企业要不断完善晋升机制，包括结果公平、程序公平和互动公平。学者Lemons和Jones认为，晋升过程体现出的公平性越强，员工的归属感和满意度也就越高[153]。对于"行政化"的晋升机制，学者李萌发现在影响晋升的因素中，品德和绩效是与晋升公平感正相关的，而通过权谋等关系或其他因素获得的晋升则会显著地降低员工的晋升公平感[154]。另有学者徐桂芳通过构建理论模型分析发现，晋升标准和程序是否合理、员工是否知晓并参与晋升标准的制定是显著影响晋升公平感的因素[155]。晋升的结果会对员工的行为产生较大影响,学者凌星元发现,对晋升公平性的感知能够使员工积极团结他人、努力工作,或消极怠工甚至影响整个团队[156]。

2.3.2 公平与绩效的关系

由上述文献可以看出,公平感可以对员工产生不同的影响。所以,对于晋升,如果组织内的员工都认为业绩应该是衡量晋升的重要标准,但是非业绩因素却在实际的晋升中起到了显著的作用,如个人的关系资源或人口学特征等,那么员工就会认为晋升是不公平的。而这种公平感的变化会显著影响员工的绩效或业绩水平,从而影响企业的整体收益。社会交换理论把组织或企业当作一个交易市场[157],员工在市场中通过其才华和汗水换取有形的或无形的酬劳,而市场中是否存在公平的交易机制将会决定交易能否有序、有效地进行,这对于员工能否积极工作是非常重要的。学者Williams发现组织公平感可以使员工获得正向激励,其中分配公平可以显著地提高员工的绩效[158],比如晋升的结果如大家所预期的一样:业绩最好的员工得到了晋升。学者Organ发现,如果员工感受到结果的公平,他们会愿意积极努力地工作,创造更多的业绩,把个人的发展与组织的发展相结合[159]。

晋升的过程是否公平也会影响员工的行为,学者Konovsky和Cropanzano发现,程序公平会使员工产生较高的绩效[160],学者Aryee、Budhwar和Chen发现程序公平能够提升员工的奉献精神,使员工之间拥有更好的人际关系[161]。此外,在晋升的过程中,管理者与员工的有效互动也会增加员工的信任感,从而产生正向的工作激励。学者Masterson等的研究表明,互动公平性的提升会增加员工业绩的产出[157],员工能够从互动公平中感受到企业的真诚和尊重,从而愿意付出更多的劳动来回报企业的信任。在我国学者的研究中,学者汪新艳和廖建桥,吕晓俊和严文华以及张燕、解蕴慧和王泸都分别证实了组织公平与绩效之间存在相关性,员工感受到的公平感越强其工作产出越高[162-164]。而在基于晋升的研究中,王晓晖、罗静芳和黎金荣基于问卷数据进行分析,直接证明了职位晋升中的结果公平、程序公平和互动公平都会对员工的绩效产生较为显著的影响[165]。

2.3.3 晋升中的博弈

通过对上述文献的梳理可以看到,晋升中的公平性会对员工产生正向或负向的激励,而激励又与员工的业绩紧密相连,所以合理的晋升机制对企业来说非常重要,即需要做到"择优而升",从而保证能够做到对所有员工都产生正向的激励效用。但是这里又会产生一个新问题,即如何保证晋升机制的合理性?

对于组织来说,企业决策者和被晋升者、被晋升者之间都存在着信息不对称的情况。古典经济学以及新古典经济学都是以交易双方信息对称的完全市场竞争为假设的,但是信息实际上并不是完全对称的,在很多情况下都存在着信息不对称的情况。学者 Akerlof 提出了信息不对称的普遍性并提出了逆向选择的问题[166]。信息不对称就是指某一方面的信息,一些参与人拥有,但另一些参与人不拥有或不完全拥有[167]。

信息不对称是影响交易效率的重要原因,特别是对人力资本的交易更是如此[168]。在员工晋升时,由于信息不对称现象的存在,一方面,管理者不清楚或不考虑员工的技能水平,可能会晋升不合适的员工,由此会产生负向激励,导致出现优秀员工消极怠工或离职等问题;另一方面,晋升候选人之间也会因为信息不对称而产生不良竞争,最终导致生产力下降,企业人力资源配置降低。

许多研究通过委托代理理论对晋升进行描述,在企业中管理者作为委托人,而被晋升者作为代理人,双方都希望自己的利益实现最大化[169],如作为代理人的员工希望自身效用最大化,而作为委托人的老板则希望企业营收最大化。所以在现实中,双方的目标可能会出现偏差[170],学者 Jensen 和 Meckling 认为,这会导致逆向选择和道德风险问题的出现[171]。委托人需要通过职位晋升或薪酬提升等方式来激励代理人向委托人的目标方向靠拢[69]。但是由于委托代理双方的信息不对称性,会出现委托人无法完全准确地观测代理人工作行为的情况[172],从而不能对代理人的工作进行合理评判。所以,学者 Malcomson 提出,在晋升机制中会出现委托人以相对业绩来评判代理人工作的晋升锦标赛,即晋升博弈,由此来激励代理人解决委托人面对的道德风险问题[77]。

学者周黎安提出了官员晋升的锦标赛模式,并指出竞争者之间的相对业绩是晋升的条件[89,173]。目前,我国的许多学者都用锦标赛理论来研究晋升问题[88,174-176]。陈潭和刘兴云指出,晋升锦标赛中将业绩作为最为主要的可观测指标会导致"短期工程"和"业绩工程"效应的出现[177],周飞舟认为参与锦标赛的候选人会不计代价地追求业绩指标以提升其在锦标赛中的排名[178]。具体的问题包括杨宝剑提出的晋升候选人只关注短期业绩而不考虑长期发展,候选人之间互相拆台,能力和资源不同表现出的行为异质性等[179]。对于许多大型企业来说,晋升锦标赛已经成为一种压力性的考核和激励方式,荣敬本认为其具有"赢家通吃"和"零和博弈"的特点[180]。但是也有研究显示晋升锦标赛只对高级别的管理者具有较强的解释力,而对于相对基层的管理者的晋升解释力有限[177],可能还有一些非业绩因素会对其晋升产生作用。

通过对文献的梳理可以看出,晋升中委托人和代理人的信息不对称会导致逆向选择和道德风险问题的出现,而基于锦标赛理论的博弈模型可以降低双方的信息不对称性,但同时以相对业绩为基础的锦标赛模式会出现一些降低资源配置的问题。目前大多数针对晋升博弈的研究主要建立在被晋升者的业绩这一自变量与晋升存在线性关系的基础之上,而事实上,一些非业绩因素也会对晋升造成影响,由此对被晋升者产生不同的激励效用。基于委托人选择的不同晋升机制,以及被晋升者在晋升后的新岗位上获得的不同工作激励而构建的晋升博弈模型较少。

2.4 基于大数据的智能化方法

2.4.1 数据智能化方法

随着信息技术的不断发展,数据智能化方法被广泛应用,数据智能化方法主要依靠大数据技术进行快速的、可视化的、智能的建模分析,从而解决实际问题。学者 Han 和 Kamber 将大数据技术总结为在大量数据中寻找潜在的、有价值的知识和模式的过程[181],它是统计学、经济学、机器学习、人工智能等领域的交叉学科[182],将经典的统计学方法与机器学习算法进行了有机结合。大数据技术属于决策科学,主要用于决策分析,可以指导企业进行信息化和智能化管理。数据智能化方法的经济学意义主要体现为知识发现,知识发现的过程包括数据清洗、数据集成、数据转换、数据挖掘、模式评估、结果的知识表示等步骤,其中数据挖掘是最为核心的一个步骤,具体如图2-1所示。

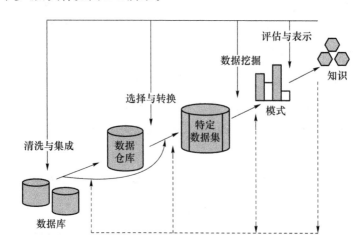

图 2-1　知识发现的过程

其中不同的步骤有不同的功能。

① 数据清洗:主要是清除数据集中的噪声数据、不完整数据、不一致数据和与数据挖掘主题无关的维度。

② 数据集成:主要是将数据集中来自多个不同外部数据源的相关数据有机整合到一起,形成格式一致的、形式统一的数据描述。

③ 数据转换:主要是通过汇总或聚集将数据转换为易于进行数据挖掘的数据存储形式。

④ 数据挖掘:主要是利用智能的建模挖掘有价值的模式、规则等,它是知识发现过程中最重要的步骤。

⑤ 模式评估:主要是根据一定评估标准或度量标准从数据挖掘的结果中筛选出有价值的知识。

⑥ 知识表示:主要是利用可视化的知识表示技术,向大数据的需求用户展示得到的挖掘结论。

随着大数据技术在商业应用中价值的不断凸显,企业对知识发现的认知逐渐深入,这时就需要一个更加形象的、更容易被大众认可的名词来表达知识发现的过程。因此"数据挖掘"这个词被发明出来并且被许多业内人士所熟知。尽管数据挖掘仅仅是整个知识挖掘过程中的一个重要步骤,但由于目前在工业界、新闻媒体、大数据研究领域中,"数据挖掘"一词已被广泛使用并被普遍接受,因此一般学术界也会广义地使用"数据挖掘"一词来表示整个知识发现的过程,即数据挖掘是从数据库、数据仓库或其他信息库中获取海量数据,并通过算法建模和训练学习挖掘潜在的、未知的、有价值的知识的过程。

在这个定义中,典型的数据挖掘系统主要包括以下部分,如图2-2所示。

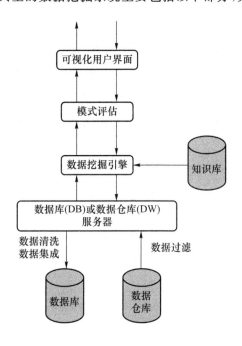

图2-2 数据挖掘的系统结构

① 系统中的数据库、数据仓库或其他信息库,表示被挖掘数据集的来源。通常需要展开数据清洗、数据集成等操作,对这些数据进行预处理。

② 系统中的数据库或数据仓库服务器负责根据用户的数据挖掘请求,读取相关的数据。

③ 系统中的知识库存放数据挖掘所需要的相关知识,这些知识用于指导数据挖掘的搜索或用于帮助挖掘结果的评估。挖掘算法中所使用的相关阈值就是最简单的领域知识,比如关联规则中的最小支持度、最小置信度等。

④ 系统中的数据挖掘引擎是整个系统的核心部件,其包含挖掘功能模块,以

便实现特征描述、关联分析、分类、聚类等挖掘功能。

⑤ 系统中的模式评估模块可以有效协助数据挖掘模块聚焦挖掘更有意义的模式知识,提高数据挖掘的整体效能。

⑥ 系统中的可视化用户界面负责帮助用户与数据挖掘系统进行沟通交流。用户通过该模块将挖掘需求或挖掘任务提交给系统,挖掘系统通过该模块向用户展示或解释数据挖掘的结果,并帮助用户评估所挖掘出的模式知识。

数据挖掘的任务主要包括预测性任务和描述性任务[183],预测性任务指通过现有的维度(或属性),去概括或预测出一个新的维度,即目标维度,分类算法就是典型的预测性任务,属于可监督的学习过程,即可以校验结果的精度;描述性任务则主要用于描述事务的一般性规律,属于不可监督的学习过程,即无法校验结果的精度。此外,关于数据挖掘的商业应用,有学者将数据挖掘在商业领域的应用分为商业理解、数据理解、数据准备、模型构建、模型评估和模型发布六个阶段[184],如图2-3所示。

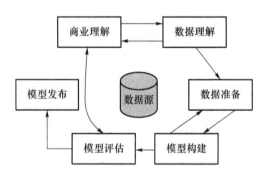

图2-3 数据挖掘的商业应用

数据挖掘的方法可以主要概括为分类方法、聚类方法、关联规则方法等。此外还有一些基于不确定性的知识归纳和获取方法,如模糊集、粗糙集以及灰色系统等,其本质也是在数据中挖掘知识,所以从宏观上也可以将其归为数据挖掘方法,具体如下。

(1) 分类方法

分类方法即根据已有的数据建立一个模型,使之能够识别未知的、想要预测的对象所属的类别。决策树算法就是一个典型的分类方法,其通过大量历史数据的运算和建模得到一个树形结构,使我们能够对该树形结构快速归纳出目标维度的特征,比如什么样的人能够获得晋升,什么样的客户是企业的忠实客户等。此外分类方法还包括人工神经网络、支持向量机、随机森林、贝叶斯分类等,计量经济学中常用到的回归分析也属于分类方法的范畴。一般来说分类方法得到的知识和模式都可以进行预测,所以分类问题也称预测问题,只是学术界更愿意将处理目标维度为连续值的问题称为预测问题,而将处理目标维度为离散值的问题称为分类问题[181]。分类方法可以进行精度的校验,一般来说常见的做法是把整个数据集分为训练集和测试集,在训练集中进行数据运算并构建模型,而在测试集中检验模型得到结论的精度[185]。

(2) 聚类方法

聚类方法主要研究数据分组的问题,即如何进行划分能够使数据分成不同的组或簇,保证组内的相似度最高而组之间的相似度最低。事物往往不是由一个维度构成的,比如在职位晋升中,评价晋升候选人的维度可以包含学历、业绩、年龄、任职时长等多个不同维度,无法直接快速衡量出候选人之间的相似性。所以在聚类中,一般用空间向量距离的方式来度量事物之间的相似性或距离,如欧氏距离、马氏距离等,由此描述事物之间的相似程度。聚类属于描述性的任务,每一类的中心点可以代表此类的特征,通过聚类人们可以增强对一些客观现实的认识。聚类是典型的不可监督的学习过程,无法校验结果的精度[186]。

(3) 关联规则方法

关联规则方法由学者 Agrawal 提出,其主要是寻找事物之间的相关性,即找到 A 推出 B 的模式,主要思路是统计事物同时出现的项集,如果项集中每一个项的计数大于最小支持度计数,就会生成频繁项集。不断递归,最后通过频繁 N 项集产生关联规则,关联规则属于可监督的学习过程,其中可信度验证规则的准确性,支持度说明规则的重要性[187-188]。只有满足最小可信度和最小支持度的规则才被称为强关联,即有效的关联规则。

(4) 模糊集/粗糙集/灰色系统

模糊集的方法以事物的不确定性为研究对象。当一个系统的复杂性增强,其精确程度就会降低,为了解决精确与复杂之间的矛盾,学者 Zadeh 引入了模糊集的概念[189],其通过构建范围为[0,1]的隶属度函数来描述对象的模糊性[190],并通过对模糊集的运算和变换进行分析,最终得到答案。随着模糊理论的不断完善,学者们又逐步建立了模糊群论、模糊拓扑空间、模糊逻辑、模糊决策论等[191]。如应用较为广泛的模糊综合评价方法,其将定性和定量的变量进行综合分析,建立能够反映被评价对象本质特征的评价方式[192],其在人力资源管理和人力资本等领域都有应用[193],在此不一一列举。

粗糙集由学者 Pawlak 提出,它是一种基于不完备、不确定信息的知识获取和归纳方法[194],粗糙集的一些使用已经与模糊集相融合,在理论上采用上近似集合 R^* 与下近似集合 R 来定义一个粗糙集[195],在分类问题中,有些类不能被维度区分,就需要用粗糙集的近似方法来解决。

灰色系统是最早由我国学者邓聚龙提出的一个同时包含已知信息和未知信息的系统,主要利用统计方法来发现引起一个系统变化的主因素和次因素[196],其与粗糙集的区别主要在于信息不确定性产生的原因,粗糙集认为这种不确定性是由边界区域引起的,而灰色系统则认为是由数据不足引起的。灰色系统的分析方法主要包括灰色关联度、灰色聚类、灰色预测等。

2.4.2 分类中的数据模型

数据挖掘中的分类方法是一个相对比较大的概念,通过分类中的很多方法可以进行相关性分析、归纳和预测,在管理学领域有较大的应用价值。一般来说学者们会利用分类方法中的回归模型来分析自变量与因变量的关系,即相关性分析,由于该方法在经济管理领域应用已十分成熟,这里不再赘述。而对于知识的归纳和预测则会用到决策树、随机森林、支持向量机、人工神经网络等机器学习类的模型,此类模型智能性较高,且对于管理决策的支撑具有较强的意义,本研究在后续会用到此类方法对企业人才晋升模式进行概括,所以在此处对相关的文献进行梳理。

决策树(DT)模型是较为经典的分类方法,学者 Quinlan 提出的 ID3 算法使决策树模型具备了分类和预测的功能,ID3 算法将信息增益作为维度选择的标准,这里信息增益是指期望信息或者信息熵的有效减少量,其能够描述不确定性的信息变化程度。Quinlan 认为选择具有最高信息增益的维度划分节点可以使判定一个未知对象类别时所需的维度最少[197],所以维度的信息增益在这里作为树形结构中分叉节点选择的标准。ID3 算法主要应用于离散型的数据,分类时简单高效,但是却存在在维度划分时倾向于选择取值较多的维度来生成新节点的问题。为了解决此问题,Quinlan 又提出了 C4.5 算法对 ID3 算法进行改进,C4.5 算法使用信息增益率代替信息增益进行维度的选择,改善了 ID3 算法中选择取值较多的维度的问题,同时可以应用于连续型数据的处理。但是 C4.5 算法却偏向于选择取值较集中的维度,而这些维度却并不一定是对分类最重要的维度[198]。在 C4.5 算法的基础上,Quinlan 又进一步提出了 C5.0 算法,该算法复杂度更低,适应性更强[199],且引入了 Boosting 技术来改进算法对样本的识别率[197]。除此之外,在决策树分类中,Breiman 等学者提出了以 Gini 系数为节点划分依据的 CART 算法,其在分叉节点处以二分法的形式进行二叉树的构造[200],由此选择性能最优的树进行知识归纳。为了适应大规模数据处理的要求,有学者提出了可扩展的决策树算法,如 SLIQ 算法以及 SPRINT 算法等[201-202],这些算法也都各具特色,满足了决策分类和预测的需求[185]。

决策树算法的应用非常广泛,在各行各业的管理、营销等领域起到了很强的决策支持作用。基于该算法的科研产出也较多,如 ID3 算法被用来对客户进行细分,将客户分为不同客户群,从而指导企业营销决策[203];C4.5 算法被用来对企业的销售数据进行建模及预测,以提高企业运营效率[204-205];C5.0 算法被用来构建个人信用评级模型,并对个人信用进行分类和预测[206];CART 算法被用来进行工程项目中的风险预警等[207]。

以决策树算法为基础,学者 Breiman 设计了随机森林(RF)算法,该算法以自助法(Bootstrap)重采样技术为基础,从原始样本集 N 中有放回地随机抽取 n 个样本构造样本集合进行训练,生成 m 棵决策树,这些生成的决策树一起构成随机森林,森林中的每一棵决策树通过"投票"产生分数,最终的分数决定随机森林的整体分类结果。该算法将大量决策树的运算结果整合在一起,而任何一棵树都是以独立抽取的数据样本训练而成的。一棵树的分类能力可能较弱,但随机生成大量的决策树后,将每棵树的分类结果进行统计,可以找出可能性最大的分类,这显著提高了算法的分类和预测能力[208]。与决策树相比,随机森林能够避免局部最优和过度拟合的问题,对维度的共线性不敏感,同时具备更高的精度,使其成为分类方法中十分受欢迎的一种算法。随机森林算法的应用领域十分广泛,如有研究通过随机森林对上市公司数据进行信用风险评级分析,发现其预测精度要明显优于决策树[209]。此外,随机森林还可以应用于经济管理学领域,如有学者基于该算法进行了个人信用风险预测[210],信用卡违约的预测[211],上市公司违约行为的预测[212-213],企业财务失败预警等[214],在这些研究中随机森林算法均体现出高效且稳健的性能。

支持向量机(SVM)是由学者 Vapnik 提出的一种基于统计学的分类算法,该算法通过样本训练自动选择具有较强区分能力的分类向量,并将这些向量映射到一个更高维的空间,由此建立一个具有最大间隔的超平面对数据进行分类[215]。该算法对于离散型数据以及高维数据具有较好效果,但是对于大数据样本的处理效率相对较低[216]。支持向量机算法也可以应用在经济管理领域的分类和预测问题中,如基于上市公司财务数据的离散性和高维性,对上市公司进行信用风险的评估预测[217];基于小数据样本的企业创新模式预测[218];基于银行客户管理的银行客户流失预测等[219]。

人工神经网络(ANN)是由大量的简单处理单元组成的非线性、自适应、自组织系统,其主要解决针对连续型数据的预测问题。人工神经网络中较有代表性的是学者 Rumelhart、Hinton 和 Williams 提出的 BP 算法,该算法是为了解决多层前向神经网络权系数的优化而提出的[220],该算法通过数据的正向传播得到一个预测值,之后进行反向传播,通过训练来修正权系数和神经元阈值的误差,不断地进行迭代运算使最终的输出结果能够处在一个精度可控的范围内。整体来说,数据在输入层输入,在每一层网络中我们设定初始的权系数和神经元阈值,通过中间黑箱子的多层网络训练处理后,在输出层输出预测值,这时将预测的输出值与真实的目标维度值进行对比,通过其误差反向修正权系数和神经元阈值。传统的 BP 算法存在局部最优的问题,Hinton 通过预训练的方法改善了该问题并在中间的黑箱子中设置了 7 个隐藏层,达到了深度网络学习的效果[221]。此外,学者们还陆续提出了其他一些神经网络,如卷积神经网络等。人工神经网络在经济管理领域应用广泛,如企业经济效益的评估[222],消费行为风险的预测[223],客户信用模型的构建等[224]。

2.4.3 大数据技术与人力资源管理中的晋升研究

由之前的文献梳理可以看到,大数据智能化方法可以有效地为管理提供决策支持。在人力资源管理领域,学者 Yiğit 和 Shourabizadeh 利用逻辑回归、随机森林、支持向量机等方法对人力资源数据进行建模,并对结果进行精度校验,最终预测了员工流失状况,从而优化了人力资本[225]。学者黄闽英将分类方法与聚类方法应用到员工的绩效评估中,从而有效地提升了企业的员工管理水平[226],学者张志宇、吕明丽和李从东将人工神经网络与决策树算法应用到企业的员工与岗位的匹配问题中,为人力资源配置的优化提供了理论思路[227]。

而通过大数据技术分析晋升模式的研究相对较少,Jantan 等学者利用数据挖掘分类方法对员工未来的绩效进行了预测,以此对员工的发展与晋升做出判断[228]。Wang 等学者基于员工的教育背景等数据,利用数据挖掘方法对员工的发展潜力进行预测和分析,并概括得出影响员工晋升的潜在因素[229]。在国内研究中,学者桑海风等利用 ID3 决策树算法分析了毕业生进入职场后的晋升规律,并对其进行验证[230]。学者涂波等利用 C5.0 决策树算法对员工的人事数据进行挖掘,从而对员工的晋升模式进行了概括和预测[231]。

数据挖掘可以用来归纳晋升的模式和特征,从而对员工的晋升做出合理的预测并有效地控制精度,但是通过文献研究发现较少有学者基于机器学习的大数据算法去分析晋升问题,总结原因如下。

① 大多数研究会更多地基于自变量与因变量的相关性去分析影响晋升的因素,计量经济学中的回归分析较为简单实用。然而,在自变量选择以及回归模型设定时,往往需要做出许多经济学假设,这些假设有可能会对研究结论产生一定的局限性。

② 基于机器学习的大数据算法往往需要体量较大的、客观真实的数据样本,而许多基于晋升的研究样本容量较为有限,将小容量的数据样本应用于机器学习算法会导致训练不充分,从而影响分析结果;此外,由于资源的限制,一些有价值的数据较难获取,往往以问卷形式或主观构造获取,一些维度在构造时仍然存在不准确的情况,如"业绩""关系资源"的量化等。整体来说,学者们在获取数据资源方面

还是存在一定瓶颈的。

③ 基于机器学习的大数据算法经常是由数据驱动的,在工程领域有较好的应用,可以解决许多实际问题,但是直接进行数据驱动得到的一些结果却无法较好地体现经济学意义和学术价值,如人工神经网络得到的预测值、随机森林得到的分类模式等。

所以,利用单一的某一类方法进行研究可能会存在问题。在可以获得较大规模数据样本的前提下,如果可以将计量分析与机器学习相结合,既对影响晋升的因素进行分析,又对晋升模式进行整体概括和识别,这样得到的结论会更为客观并体现出较高的研究价值。

2.5 理论与文献评述

本章对涉及的几个重要理论进行了阐述。人力资本理论将人的能力定义为一种资本,具备高人力资本的员工更有可能完成高质量的工作,从而提升企业绩效。而企业对人力资本一般都以人力资本的投资方式和投资程度进行度量,同时由于员工本身具备的存量资本更容易度量,学历、年龄、继续教育、性别、工龄等因素就成为度量人力资本的一种形式。在晋升的过程中高人力资本的员工代表着高能力,而此类员工又恰恰需要较强的组织承诺感,所以理论上说这些因素会变成影响晋升的重要因素。高阶理论为企业的管理提供了一个新的思考点,也从另一个方面为影响晋升的因素提供了理论分析基础,即管理者的个性化特质会影响企业的发展。所以员工晋升到重要岗位成为管理者时,被晋升者的个人特质也会被考虑。管理激励理论对于本书的研究有两个主要的贡献点:第一是在内容型激励理论中阐述了人们的需求层次,这可以为职位晋升是否为最重要的晋升形式提供一定的分析基础;第二是在过程型激励理论中,说明了公平的激励作用,而这为晋升公平性与绩效的研究提供了理论基础。委托代理理论主要强调了当委托人和代理人目标函数不一致的情况下如何采取措施使双方效用达到平衡,这为本书的研究提供了两点理论基础:第一是晋升过程中如何分析企业决策人与晋升候选人不同行为的影响;第二是当晋升激励出现问题时,企业应该如何去做使效用达到最大化。

本章对现有文献进行了研究和梳理。首先阐述了晋升的概念与形式、路径与模型,并概述了大型国有企业的晋升特点,即国有企业管理者具有"经济人"和"政治人"的双重身份。其次,通过文献梳理对晋升进行了划分,大部分文献把晋升归为基于"存量资本"或"增量资本"的晋升,以及基于"政绩"或"关系"的晋升,这四种形式又可以较为清楚地归纳为"业绩"和"非业绩"两个因素。在业绩因素中重点梳理了业绩对晋升的影响,在非业绩因素中则归纳了关系资源、学历、年龄与资历、性别等因素对晋升的影响。再次,通过相关文献的研究对公平性与激励进行了更为深入的研究综述,同时分析了晋升激励对员工绩效的影响以及晋升博弈的一些研究成果。最后本章对智能化的大数据技术进行了文献梳理,并对方法的应用以及其在晋升中的应用情况进行了总结。

现将已有文献出现的问题总结如下。

第一,"一把手"晋升研究的局限性。大部分文献主要关注企业"一把手"的外部晋升。这里总结出两个原因:其一是"一把手"的数据相对来说较为容易获取,一般可以以企业的整体经营数据代替"一把手"的业绩和能力指标进行分析;第二是文献研究的"一把手"是一个企业的第一决策者和负责人,所以业绩因素在晋升中占据着重要地位,是考核企业负责人能力的重要指标,大部分研究都把业绩作为晋升的重要变量。

但是往往在大型企业中,其中层管理者,即组织内一些二级部门或三级部门的主管,也是较为重要的,代表着企业的中坚力量和发展潜力。在"一把手"的晋升中,很多为企业外部的晋升,而中层管理者的晋升为企业内部的晋升,如国有企业中科级管理者向处级管理者的晋升或处级管理者向厅局级管理者的晋升。同时,这些管理者相对于企业"一把手"较为年轻,具备一些个性化特质,在内部晋升中可能会呈现出不同的特点。基于此类管理者的晋升却鲜有研究。

第二,数据资源的准确性不足。在研究业绩因素晋升时,会出现晋升候选人在"锦标赛"中为了相对业绩而扭曲真实经营数据的情况;同时,晋升存在的内生性问题没有被考虑,即为了提拔而创造业绩,从而导致晋升前的业绩数据并不客观。在研究非业绩因素晋升时,关系资源的数据在获取和度量上都会出现不准确的情况,如数据获取渠道等问题导致履历及背景信息的不准确;关系资源的变量测算较为主观单一,缺乏一定依据且考虑的情况不全面;企业内相对低层级的晋升没有文献中常用的企业"一把手"的政治身份,需要进一步寻找低层级中能够刻画关系资源的因素。

第三,智能化方法运用不足。在分析晋升问题时,大部分文献都是以样本数据的回归分析为主,从而找到影响晋升的因素。这里存在两个问题:第一是数据样本缺少在大量数据情况下利用智能化方法进行的合理的数据选取,这会导致出现某些维度的维度值不平均的情况,如因变量中的晋升与未晋升的人数占比,自变量中的性别、学历等,此种情况在分析不同因素对晋升的重要性影响时会使结论不准确,所以在进行研究时,一些学者会对数据进行"目的性"的主观选取,这会从某种程度上降低结论的客观性;第二是缺少对晋升模式的综合概括,利用数据挖掘中的分类方法可以对非线性的、多个自变量的综合作用进行分析,对晋升的特征和模式进行概括和总结,并控制精度,但现有文献中却很少用到此类方法。

第四,博弈研究的单一性。在研究晋升博弈时,大部分博弈研究都是以晋升候选人之间的博弈为主,如双方的晋升锦标赛,而研究决策者和被晋升者之间的博弈较少。此外,在双方的博弈中,都是以业绩决定晋升这一线性关系为基础进行的不同情况分析,而没有考虑非业绩因素在其中对双方的影响。而事实上,基于非业绩因素的晋升可能对公平、激励和产出都存在较大影响,从而影响博弈模型的构建。

第3章　大型企业中的不同晋升形式分析

要研究我国大型企业中影响晋升的因素以及相关的晋升机制,首先要进行有效的因变量选择。那么在大型企业存在的多种不同的晋升形式中,哪种晋升形式对员工激励性最强、对员工最为重要呢?如果职位晋升在所有晋升形式中并不重要,那么本书整体研究内容的实际意义就会降低。所以对大型企业中不同晋升形式的分析较为重要,可以为后续研究确定因变量,是整个研究内容的一个基础和铺垫。本章以内容型激励理论中的需求层次理论为基础,对不同晋升形式获得的满足感进行细化的指标设定,并利用灰色关联度模型对不同的晋升形式进行对比分析。

3.1　大型企业中的晋升形式

晋升属于企业的一种有效激励手段。学者Jensen和Meckling通过研究表明,在所有权和经营权分离的情况下,企业的股东和经理人之间是存在利益冲突的,根据委托代理理论,企业需要一种有效的激励形式来提升员工的积极性[171]。对于企业来说,广义上晋升大致可以分为两类:第一类是薪资的提升,如职级工资、业绩工资、股权加持等;第二类是职位的晋升,也就是在更高的职位上拥有更多的权利和义务。本书的著者在进行企业实地访谈调研时发现:一些员工认为职位晋升能够获得更多权利,更有利于实现自身的价值;另有一些员工认为职位晋升还要承担相应的义务,会出现"如果涨工资,宁愿放弃职位晋升"的想法。那么究竟哪类晋升形式可以带来更多的激励?哪种晋升形式员工觉得更为重要呢?

学者 Sloan 以及 Core、Holthausen 和 Larcker 发现基于业绩的薪酬制度可以使员工与股东的利益趋同,即业绩薪酬具有较强的敏感性[232-233]。在欧美的公司体系中,由于员工更换工作的行为相对频繁,所以业绩薪酬激励是一种较为主要的激励形式。学者 Ada 通过研究发现,相对收入越高越能够提升人们的幸福感[234],所以福利待遇的增长可以有效提升员工的积极性和幸福感。而在亚洲的公司体系中,业绩薪酬可能不是最有效的激励方式。学者 Takahashi 研究日本的公司体系时发现:不同于欧美就业市场中的频繁跳槽现象,日本劳动力流动性较小,大多数人会倾向于类似"终身制"的职业生涯方式,在这种情况下职位晋升要比薪酬提升更具激励效果[79]。而我国的许多大型企业相比之下更接近日本的公司体系,具有公司庞大、待遇稳定、保险体系完备、职能多元化等特点,这使员工更倾向于在大型企业中长期发展。同时对于许多大型企业来说,由于"国有控股"和"限薪令"的存在,企业管理者的薪酬与业绩之间存在非线性正相关的关系。学者李琦以及张俊瑞、赵进文和张建发现,国有控股占比大的企业,其薪酬无法做到市场化,这会导致国有控股的比例与管理者的薪酬呈负相关[235-236],所以在一些国有企业中,薪酬的提升并不一定是最有效的激励形式。再加之国有企业员工会认为职位晋升带来的名誉和权责等是十分重要的,这使得职位的晋升对员工具有较大的激励作用。

我国许多大型企业的任务较为多元化,企业的经济业绩只是一方面目标,此外还存在着一些政治和社会服务目标[4],多元化的目标会使企业以及员工的关注点不同于中小企业或外资企业。学者黄再胜和王玉指出,转型期间大型企业的管理者的"政府化"使其身份定位较为模糊[237]。本书认为这种模糊会使员工既存在职位晋升的愿望,又存在薪酬提升的愿望。

狭义上来说,晋升形式可以在职位晋升和薪酬提升的基础上继续进行细分。由于只有小部分人能够获得职位晋升,所以在我国大型企业中除了实职职位的晋升,为了激励更多员工,还存在一些虚职的晋升。如调研员、项目经理、资深经理等职位可以享受与实职相似的薪资待遇,也能提升一定的名誉,但是难以获得实质性的权力,也不用承担相应的责任。类似地,许多大型企业中还存在专业技术职务或职称的晋升,如工程师、高级工程师或经济师、高级经济师等,获得晋升的途径是在统一的标准下"或评或考",此类晋升反映着员工的专业能力水平,但晋升后与实质权力和责任并不紧密挂钩。专业技术职务或职称的提升能够为员工带来一定的尊重感,同时员工也能够获得一定的薪资提升。根据企业的激励方式和经营管理模式的不同,还存在着以单纯的薪资提升(如资历工资等)、股权加持、其他福利增长等为激励手段的一些晋升形式,本书将其统称为福利待遇晋升。总体来说,狭义上的晋升可以分为以上四种形式。

3.2 基于内容型激励理论的晋升形式分析

学者 Diener 和 Suh 通过研究得到:如果人们认为自己周围的人的境况相对糟糕时,会增加自身的满足感;而当周围人的境况变好时,会降低自身的满足感[238]。对于企业员工来说,晋升总是属于少数人的,所以晋升的人相对于没有晋升的人来说,会提升其满足感。但是不同晋升形式的内容也不尽相同,所以显然员工获得的满足感也是不同的。

在内容型激励理论中,学者 Maslow 提出了较为经典的需求层次理论,该理论把人的需求分为五个层次,由低向高分别为生理需求、安全需求、社会需求、尊重需求和自我实现需求[58],该理论认为人的需求是多样化的,并且满足低层次需求后才会进入高层次需求,当多样化的需求尽可能得到满足时,就会产生较好的激励效果并提升员工的业绩水平,最终提升整个企业的经营水平。那么哪种晋升形式可以满足多样化的需求呢?这里以员工在组织内的需求为约束进行探讨。

在职位晋升中,随着职位的提升,相应的权力也会提升。不可忽视的是,职位的提升也会带来薪资的提升,甚至包括一些隐性福利。所以在职位晋升中,第一,薪资和隐性福利的提升可以换来更好的生活必需品等物品,满足人们不断提升的生理需求。第二,需求层次理论的安全需求包括生活稳定、健康保障、资源保障、工作保障等。显然职位的晋升所带来的福利可以巩固这些安全性。第三,需求层次理论的社会需求包括社交感、归属感、友谊和隶属关系等,职位晋升使员工地位更高,但是地位提升的同时员工被赋予了更多的责任,其工作强度更大且个人时间更少,所以我们这里无法直接判断职位的晋升是否会提升社会需求的满足感。第四,在需求层次理论的第四层和第五层中,包含着他人的尊重与认可,自我价值和理想的实现等需求。职位晋升中一个较为普遍的共识是晋升能力强的员工,所以被晋升从某种程度上可以反映员工自身的能力被认可与尊重,且在更高的职位上会拥有更多的决策权,更有可能实现自己的职业理想和价值。由此可以看出,基于需求层次理论,员工至少有四个层次的需求可能会被职位晋升所满足。

在虚职晋升和专业技术职务或职称的晋升中,随着晋升的成功会有薪酬或相应的福利提升,这可以提升生理需求和安全需求的满足感。但是这类晋升并没有提升员工实质性的权力,即员工没有享有更多的决策权或主导更为重要的工作,这可能使员工在组织内无法满足被尊重和自我实现的需求。但是虚职晋升或职称晋升从某些层面上代表着员工能力或专业技术水平的提升,从而员工的尊重需求可能得到满足。这里需要注意的是,员工的能力达到晋升条件后,没有得到实职晋升而只是虚职晋升,可能是有一些原因的,如个人性格问题、关系与资源的问题等,或年龄问题、亲属回避问题等,这些都有可能会使一些高能力员工产生挫败感,甚至会降低员工的社会需求和尊重需求的满足感。

在单纯的福利待遇提升中,很显然员工由于福利的提升可以更好地满足生理需求和安全需求。由于其没有通过职位晋升获得相应的权力和更高的发展平台,所以员工可能在组织内部不容易满足被尊重的需求和自我实现的需求。但是由于其没有明显增加相应的工作责任和义务,却增加了相应的福利,所以其可能有更多的时间和金钱去巩固社交,包括组织内的朋友关系等,所以社会需求的满足感可以得到提升。

通过上述分析我们可以看出,相比于其他的晋升形式,职位晋升可以满足需求层次理论中更多的需求。且只有职位晋升可以更好地满足员工在组织内的自我实现需求,学者Jeffrey和Nancy通过研究发现,自我目标的实现以及自身价值的提升可以显著增强人们的幸福感[239]。学者Petersen通过研究发现,职位得到晋升是衡量员工在组织中获得成功的重要标准[81]。同时,学者McClelland的成就需求理论认为:个人获得成就的需求要比物质等需求更为重要[60],很显然职位晋升提高了获得更大成就的可能性,这是其他晋升形式做不到的。

所以基于3.1和3.2的探讨,下面做出如下假设。

H3:在我国大型企业的晋升形式中,职位晋升最为重要,其比福利待遇提升以及其他形式的晋升能够使员工获得更多的满足感。

3.3 基于灰色关联度的实证分析

目前一些学者研究了职位晋升与薪酬提升对员工的幸福感或满足感的影响，一般是基于问卷调查数据，以员工主观感觉的幸福感或满足感为因变量，将职位晋升、薪酬提升为自变量，再加入一些人口学特征作为控制变量进行回归分析，由此得到职位晋升或薪酬提升等对员工幸福感或满足感的影响。如学者李君安基于人口调查问卷数据，利用回归分析得到职位晋升和薪酬提升都与幸福感正相关，而其中职位晋升的影响较为显著[78]。学者 Takahashi 基于对日本丰田汽车集团员工进行的问卷调查数据建立回归模型得到：在日本大型企业中，职位晋升因素对员工工作激励的影响要高于薪酬提升[79]。关于此类研究，本书经过梳理，总结如下。

① 目前国内外关于晋升形式对员工幸福感影响的研究较少，现有的一些研究也主要基于职位晋升与薪酬提升这两个因素的比较，而对于我国许多大型企业来说，晋升形式相对较为丰富。通过对企业的实地调研，本书发现一些大型企业的员工，甚至包括一些自身能力较强的员工对工作的态度会倾向于"少担责，多拿钱"，由此会延伸出"即使少做一些工作，少一些权力，但是钱不少就行"的观点。所以除了薪酬福利提升，一些员工也有可能会倾向于虚职晋升、专业技术职务或职称晋升等，此类晋升形式也可以达到收入提升的目的，同时提升一定的个人声誉，却又不需要像职位晋升一样承担过多的岗位责任，付出过多的精力和时间。对于整个企业来说，如果大量高人力资本的员工因为一些原因从主观上就不愿意晋升到更能够施展才华的高级管理岗位上，隐藏自己的能力并弱化岗位责任心，这对企业人力资源配置的优化以及企业的长期发展是不利的。所以本书拓展了对多种晋升形式的研究。

② 由于幸福感、满足感、激励感、重要性等因变量是员工的一种感觉，具有一定的主观性，无法通过十分客观的数据指标进行替代，无法十分准确地进行测评，所以一般研究都以基于员工感觉的问卷数据为基础进行分析，这会使研究缺乏严谨性。对于员工的满足感和获得激励的感觉，现有研究并没有很好地结合内容型激励理论进行变量的细化设计，而一般是直接将职位晋升、薪酬提升等因素作为主

要解释变量,将满足感作为因变量,通过回归模型进行分析,从而得到职位晋升或薪酬提升对员工满足感的影响。

③ 如果以需求层次理论等内容型激励理论为基础,那么需将不同层次需求获得的满足感当作细分指标,再进行加权求和得到因变量,这会出现指标加权及求和的方式缺乏理论依据的问题。

基于此,本书另寻道路,以需求层次理论为满足感变量的选择依据,以灰色关联度的方法为基础进行分析。灰色关联度是灰色系统的一个分支,主要用于分析不同数据项之间相互影响、相互依赖的关系,并根据相似程度评价事物间的关联程度[196]。灰色关联度的方法能够对受多种因素影响的一些事物,从一个整体性的思路出发,对事物进行较为客观的比较和评价。灰色关联度方法的应用可以避免出现不同满足感的变量指标加权缺乏依据的问题。且相较于回归分析:第一,灰色关联度对样本数据量的大小和规律性不敏感;第二,回归分析较为注重变量间变化关系的刻画,而灰色关联度更加关注事物重要性或关联关系的一个排序,更容易给出一个定性的评价。所以对于本部分要研究的内容来说,灰色关联度方法更为简单直接。

对数据指标和问卷的设计如下。

① 基于对我国大型企业的晋升形式的总结,把晋升分为职位晋升、虚职晋升、专业技术晋升(专业技术职务或职称)、福利待遇晋升(以提升福利待遇为主要目的的其他晋升形式)四种。

② 基于需求理论进行分析,McClelland 的成就需求理论更加看重成就和权力,这对于职位晋升来说有较为明显的倾向性,这里不做考虑。相对客观的有 Maslow 的需求层次理论以及 Alderfer 的 ERG 理论,本书认为 ERG 理论将人的需求刻画得较为精简,主要有生存、关系和成长三个层次的需求,对于晋升分析来说,并不能够较为客观地体现在问卷的应答中。所以这里以 Maslow 的需求层次理论为基础,即在问卷中设计 5 项数据指标:晋升可以获得的自我提升与自我价值实现感、组织内的认可和赞许感、组织内社交需求满足感、组织安全感、生活需求满足感,具体见附录1。

本章以某大型企业为实证研究对象。近年来随着改革创新的不断深入,该企业已成为一个现代化的、典型的、业务多元化的大型综合企业,同时该企业还承担了社会普遍服务任务。企业内部有 31 家省分公司,各分公司还包括具体的地市、区县分公司以及众多网点。本书以合作调研的方式,对该企业的 31 家省分公司及其下属地市分公司的管理岗位的正式员工发放了 245 份问卷,收回有效问卷 224 份。本书认为员工的性别和年龄层次的不同可能会对晋升产生不同的满足感;员工学历的不同也可能会对晋升产生不同的满足感,但是学历容易出现三角形分布,即学历越高、人数越少,如该企业具有博士研究生学历的员工整体较少,所以学历在这里只划分三个层次;对于上述因素,本书在调研时进行了控制,使变量分布相对合理。统计结果如表 3-1 所示。

表 3-1 变量分布表

变量	有效问卷总数	变量值	有效问卷数	分布占比(%)
性别	224	男	118	52.7
		女	106	47.3
年龄	224	25~35 岁	75	33.5
		36~45 岁	77	34.4
		46 岁及以上	72	32.1
学历	224	本科以下	66	29.5
		本科	76	33.9
		硕士研究生及以上	82	36.6

对问卷中自我提升与自我价值实现感、组织内的认可和赞许感、组织内社交需求满足感、组织安全感、生活需求满足感 5 个维度进行量化打分,把取值量化为 1~9 之间的数值,数值对应不同晋升形式获得满足感的程度,9 为最高,1 为最低。对 224 份有效问卷的结果进行简单平均值的处理,同时由于问卷值在同一数量级下,所以不用进行无量纲处理。得到晋升满足感量化结果如表 3-2 所示。

表 3-2 晋升满足感量化结果

序号	晋升形式	获得感				
		自我提升与自我价值实现感	组织内的认可和赞许感	组织内社交需求满足感	组织安全感	生活需求满足感
1	职位晋升	9	8	6	8	9
2	虚职晋升	6	6	6	7	6
3	专业技术职务或职称晋升	6	8	7	5	5
4	福利待遇晋升	5	5	8	6	9

做具体的关联分析,按照要求可分为以下步骤。

① 根据各指标最优值确定参考数据列:

$$\{X_0\} = \{9,8,8,8,9\} \tag{3-1}$$

② 逐个计算每个被评价对象的指标序列(比较序列)与参考序列对应元素的绝对差值,即计算 $|x_0(k)-x_i(k)|$ 的值,如表3-3所示。

表 3-3 评价差值

序号	晋升形式	获得感				
		自我提升与自我价值实现感	组织内的认可和赞许感	组织内社交需求满足感	组织安全感	生活需求满足感
1	职位晋升	0	0	2	0	0
2	虚职晋升	3	2	2	1	3
3	专业技术职务或职称晋升	3	0	1	3	4
4	福利待遇晋升	4	3	0	2	0

③ 求最值:

$$\min_{i=1}^{n} \min_{k=1}^{m} |x_0(k)-x_i(k)| = \min(0,1,0,0) = 0 \tag{3-2}$$

$$\max_{i=1}^{n} \max_{k=1}^{m} |x_0(k)-x_i(k)| = \max(2,3,4,4) = 4 \tag{3-3}$$

④ 计算关联系数:

分别计算每个比较序列与参考序列对应元素的关联系数,取分辨系数 $\rho=0.5$,根据公式:

$$\frac{\min_{i=1}^{n} \min_{k=1}^{m} |x_0(k)-x_i(k)| + \rho \cdot \max_{i=1}^{n} \max_{k=1}^{m} |x_0(k)-x_i(k)|}{|x_0(k)-x_i(k)| + \rho \cdot \max_{i=1}^{n} \max_{k=1}^{m} |x_0(k)-x_i(k)|} \tag{3-4}$$

可得到关联系数,如表3-4所示。

表 3-4 关联系数

序号	晋升形式	获得感				
		自我提升与自我价值实现感	组织内的认可和赞许感	组织内社交需求满足感	组织安全感	生活需求满足感
1	职位晋升	1	1	0.5	1	1
2	虚职晋升	0.4	0.5	0.5	0.67	0.4
3	专业技术职务或职称晋升	0.4	1	0.67	0.4	0.33
4	福利待遇晋升	0.33	0.4	1	0.5	1

⑤ 分别计算每个晋升形式各指标关联系数的均值,可得:

$$r_{01}=(1+1+0.5+1+1)/5=0.9$$
$$r_{02}=(0.4+0.5+0.5+0.67+0.4)/5=0.494$$
$$r_{03}=(0.4+1+0.67+0.4+0.33)/5=0.56$$
$$r_{04}=(0.33+0.4+1+0.5+1)/5=0.646$$

由表3-4可以看出,职位晋升获得的生活需求满足感、组织安全感、组织内的认可和赞许感以及自我提升与自我价值实现感均很强,只有组织内社交需求满足感相对较弱,这可能是由晋升后自由支配的时间较少,且与同事可能产生层级隔阂所造成的;虚职晋升只有获得的组织安全感相对较强,其余较弱;专业技术职务或职称晋升获得的组织内的认可和赞许感、组织内社交需求满足感相对较强,其余较弱;福利待遇晋升获得的生活需求满足感和组织内社交需求满足感较强,其余较弱。

整体来说,$r_{01}>r_{04}>r_{03}>r_{02}$,即员工通过职位晋升获得的满足感最强,通过关联系数的大小关系可以看出员工获得的满足感远高于其他几种晋升形式,此外,由于量化表是根据需求层次理论进行的变量设计,所以也可以认为职位晋升能够更多地满足员工的需求,从而带来更多的激励。由此,假设H3得到验证。

员工通过福利待遇晋升获得的满足感排名第二,说明还是存在一些员工倾向于"少担责、少干活、多拿钱"的形式,这样的员工如果较多,可能会影响企业的人力资源配置;专业技术职务或职称晋升获得的满足感排名第三,可以说明在大型企业中专业技术职务或职称晋升使员工获得的满足感一般,并不是员工所急需的;虚职晋升获得的满足感排名第四,说明将一些员工晋升到一个较虚的岗位上,看似也是晋升,但是员工并不会获得足够的满足感。

本章通过理论和实证分析,得到了职位晋升是大型企业中最重要的晋升形式,员工也会因此获得更多的激励和满足感。以该结论为基础,本书在后续研究中会以职位晋升为主要因变量去分析影响晋升的因素和大型企业的晋升机制。

第 4 章　大型企业中影响员工职位晋升的因素分析

根据第 3 章的研究,本书认为在我国大型企业的多种晋升形式中,职位晋升为最重要的一种晋升形式,此种形式可以使员工获得更多的满足感并带来更强的激励。那么影响大型企业员工职位晋升的因素是什么呢?这些因素的变化会对职位晋升产生什么样的作用呢?这是本章的重点研究内容。本章首先需要选择影响晋升的自变量,这里对业绩因素和非业绩因素进行文献与理论分析,并基于大型企业的特点提出非业绩因素对于晋升的重要性,之后选择并构造一些具体的非业绩因素。以这些非业绩因素为基础提出研究假设,并将这些非业绩因素及其交互项作为自变量进行回归分析以及稳健性检验,得到相关结论。

4.1　研究基础及研究假设

4.1.1　文献与理论分析

通过梳理文献,本书将我国大型企业中影响晋升的因素分为业绩因素和非业绩因素。业绩因素一般被认为是晋升中一个很重要的能力指标,可以反映出员工的工作表现、能力水平和努力程度,所以业绩被认为是员工能力的"指示器"[97],企业的决策层会基于业绩决定员工的晋升[96]。在一个企业的内部,业绩的衡量会出现"锦标赛"模式,即相对业绩的排序[100],从而根据相对业绩的排序决定晋升。一般来说,企业的经营业绩会作为大型企业高管年度考核以及任期考核的重要指标,这种模式也会在大型企业内部逐一向下贯彻到各分公司或业务部门的负责人。如在我国的一些大型国有企业和大型私营企业中,其各省的分公司以及省内的地市分公司、区县分公司都会存在以经营业绩衡量员工能力的情况。

但是单纯地研究基于业绩的晋升会产生一系列问题。第一,"晋升锦标赛"的竞争会使员工基于短期业绩做出一些"形象工程"[11]"过度投资"[12-13]或区域性保护行为[14]等,这些可能与企业长期发展相违背的业绩数据并不能客观反映员工的能力。同时,员工为了赢得"锦标赛"还会出现业绩数据造假的情况,一个大型企业的业绩数据,有可能存在自下而上的扭曲。如业绩从区县分公司开始造假,之后由地市、省逐级向上汇总后会加大数据的扭曲程度,所以学者们会以一些并不真实的业绩数据为基础进行研究。第二,单纯凭业绩的晋升无法衡量员工的综合素质水平。如员工凭借销售业绩晋升到一个需要有管理、沟通、抗压、创新等较强素质能力的综合管理岗位上,员工可能会出现不胜任的情况,即出现"彼得陷阱"。第三,许多学者通过研究发现业绩并不是影响晋升的唯一重要因素。在回归分析时业绩因素并不显著的情况出现了[106],即其他非业绩因素有可能对晋升产生影响,如业绩作为基础指标达到了一定阈值后,非业绩因素如关系资源或人力资本就会显著地与晋升呈现出正相关性[107]。第四,员工的晋升会出现一些"内生性"问题[111],即决策层想要晋升某些员工,由此把他们放到特定的岗位去提升他们的业绩和资本。这可能是由于一些其他因素的作用导致晋升,如关系资源或人力资本等,但是体现在数据上的却是业绩。这样的"因果互置"会使研究结论不准确。第五,大型企业任务的多样化会导致业绩让位于其他一些社会性的目标[108],那么企业对员工的能力也就不仅仅基于业绩进行考虑,这时业绩对员工的晋升影响会变得相对较小。

通过对以上问题的总结,本书认为研究"非业绩"的晋升因素是非常有必要的。根据人力资本理论[15],员工的知识、技能、经验、潜力等要素对企业的发展非常重要,即员工的能力作为一种"资本",可以提升企业的产出和竞争力。在人力资本理论中,受教育程度可以有效反映人力资本,受教育程度越高的员工,其综合素质和能力也就越强。年龄和资历可以反映一个员工对工作技巧和经验的掌握。同时,年龄和性别也可以从某些层面体现出员工的健康状况和劳动能力。晋升是选择能力更强的人到更为重要的岗位上去为企业创造更大的收益。所以本书认为,人力资本也是晋升中一个非常重要的要素。

根据高阶理论,晋升到更高岗位的员工会对其面临的业务情况做出基于其个性化特征的选择和决定,而年龄、性别、教育背景以及工作经历等容易被识别的人口学特征可能会影响其决策选择及风险偏好[16]。大量研究表明,管理者的性别、年龄、受教育程度以及任职背景等因素都会对企业的发展产生较为重要的影响[53-54]。所以在晋升的过程中,企业决策者会考虑晋升什么样的人在更高的岗位上能对企业产生更大的作用。因此,一些人口特征变量可能就会在晋升中发挥作用。此外,员工特质的不同会使其能力、愿望、目标、价值观等产生差异,如性别、学历和年龄的不同会使其对晋升的渴求程度不同,所以不同特质的员工对于晋升激励带来的刺激会产生不同的反应。综上,根据高阶理论,这些人口学特征会影响晋升的结果。

除了上述因素,一些基于个人关系资源的因素也有可能影响员工的晋升。许多大型企业中的员工具备"经济人"和"行政人"的双重身份,晋升作为一种较为重要的内心诉求,无可避免地会与传统的"人情社会"理念产生交集。有研究显示,对于我国大型企业来说,关系网络是一种十分重要的资源[117]。许多学者都通过某些测度构建回归模型得到了企业"一把手"的履职背景等能够说明其关系资源的因素与晋升存在正相关性[1,13,17,90,109]的结论。所以本书也将员工在晋升前能够获取的关系资源当作一个重要因素进行考虑。

4.1.2 研究变量的选择

通过梳理上述的文献和理论,本书另辟蹊径,认为除大家都会研究的业绩因素外,一些基于人口学特征的非业绩因素也可以作为影响晋升的重要变量。

(1) 性别变量

一般来说由于生育、家庭分工等的影响,女性往往会被家庭因素牵扯较多的精力[129],这使部分女性被动地降低了在企业中工作的努力程度,并降低了企业对其专有人力资本投资的转化率,从而影响企业的收益。此外,职场的性别差异会导致职场女性出现"晋升天花板"[140],在企业中会出现越往高层级的晋升,女性员工越少的情况。职场性别差异产生的负效应需要女性员工付出更多的成本才能补偿,即女性员工晋升的门槛更高。此外,因性别导致的性格等内在因素的不同也会使其在晋升中产生不同的动力。

(2) 学历变量

教育背景可以体现出人的能力[28],受教育程度不同的人群具有不同的知识和综合素质,学历较高的人群,其学习和工作能力都会更强,所以晋升到更高的位置上会体现出其更强的作用。目前我国也在鼓励高学历人才的引进,如一些企业、高校和科研院所等都在通过政策吸引高学历人才,一些地方企业更是将高学历因素作为把人才晋升到管理岗位的条件之一。一般来说,学术界会采用人力资本投资的方式和程度来对人力资本进行度量,所以学历可以度量受教育水平这一人力资本因素。这里值得注意的是,一些企业除了重视员工的最终学历,员工的初始学历也是这些企业较为看重的因素,即员工获得的第一个高等教育学历。有学者发现我国的企业显著存在甄别初始学历的现象[240],较好的初始学历代表着员工在"高考"中能够脱颖而出,一些企业认为这是反映员工智力和能力水平的一个重要因素,并对具有较好初始学历的员工有更高的期待。同时由于目前我国就业市场存在较为激烈的竞争,于是除最终学历外,企业也更加倾向于通过初始学历对员工能力进行甄别,即增加了人才甄别和准入的条件。所以本书在研究学历对晋升的影响时,将学历划分为初始学历和最终学历两个变量。

此外,在学历变量中,有研究显示员工入职前和入职后的学历提升都可以增加其在企业内获得晋升的概率,但是入职前的学历提升效果更为显著[125]。所以在研究学历影响晋升的问题时,本书认为还需要增加一个员工是否在入职前获得其最终学历的变量。

(3) 年龄变量

一般来说年龄可以从侧面代表员工的工作经验和能力。随着年龄的增长,员工的工作经验也越来越丰富,员工会创造出一定业绩并体现出其工作能力,企业决策者在对其逐渐认知后会增加其晋升的概率。但是如果年龄超过了一定的阈值,员工的工作能力、热情和精力会随着年龄的增加而下降[127],所以年龄在一定程度上可能会与晋升呈负相关关系。于是考虑员工的可持续发展潜力,我国现行的企业人事政策一般都会鼓励管理者的年轻化,并对具体的年龄进行一定的要求,如超过一定年龄就不会考虑该员工往更高的层级晋升。所以在本书中除了年龄变量,还会增加一个基于年龄阈值的变量来提升研究的严谨性。

(4) 晋升前岗位任职年限

员工在晋升前的一些岗位的任职年限可以反映出员工的资历,在我国的晋升理念中往往存在"论资排辈"的观点,部分国有企业的体系结构会使员工产生"熬资历"的想法。如晋升到处级岗位前在科级岗位的工作年限可以成为员工晋升的条件之一。晋升前岗位的任职年限也会体现出与年龄变量相似的情况,即较长的年限代表着员工的工作经验更为丰富,同时较长的年限也能够创造出更多的业绩,但也会随着年限的增加而出现一定的反效果。由于本书已经对年龄的阈值做了一个变量设定,这里就不再重复设定。

(5) 关系资源

员工个人的关系资源可以成为其晋升的要素之一。现有的研究通过一些方法对关系资源进行数据刻画,并分析得到其与晋升存在正相关性。如将企业的"一把手"是否具有政府机关工作经历作为其关系资源的指标[1,13,17],或以员工与更高层管理者的籍贯在电子地图中的距离等方式来数据化地刻画老乡关系等[90]。

本书认为,抛开数据本身可能存在的不准确性,上述刻画形式还是存在一定问题的。第一,将不同因素作为独立的变量进行研究可能无法达到准确刻画员工关系资源的目的。所以本书认为将这些可能是其关系资源的因素汇总作为一个变量进行分析会降低度量的不确定性。第二,一些研究重点关注了企业"一把手"的晋升,但是企业中一些低级别员工晋升所需的关系资源应该如何来刻画也是一个需要思考的问题。第三,在一些关系的刻画中,需要考虑一些情况对关系度量的影响。如在履职经历中员工是否有在政府部门的工作经历,如有,则需要考虑工作时长;或者在省级企业中度量老乡关系需考虑企业的办公地点,如某省级企业办公地点在省会城市,被晋升者与上级管理者的籍贯都为该省会的概率是较大的,不能简单地认为两人存在亲近程度较高的老乡关系;再或者度量校友关系需考虑被晋升者与上级管理者在校的时间交叉,没有时间交叉和有时间交叉的情况是不一样的,比如大家只是毕业于同一所院校但是前后相差二十年,与大家一起做了四年校友对比,亲疏程度是不同的。

基于上述原因,并结合文献中提到的一些因素,受一些学者基于关系构建的同质指数的启发,本书基于企业中的中层管理者的晋升,对关系资源进行了分析和概括,得到以下指标。

第一,与企业决策层的老乡关系,即员工与决策层领导是否在籍贯上属于同一地市,是为1,否为0;如属于同一地市,是否属于同一县或区,是则再加1;如果企业在省会,那么当员工与决策层领导籍贯都为该省会城市时,其老乡关系的强度会减弱,本书在同一地市为1的基础上,做减0.5的处理。综上,该指标最大为2,最小为0。

第二,与企业决策层的校友关系,即员工与决策层领导是否在接受高等教育时在同一所学校,是为1,否为0。如果在校时间上有交叉,则再加1。所以该指标最大为2,最小为0。

第三,晋升前岗位。在企业的内部员工晋升过程中,如国有企业中员工由正科级提拔至副处级、副处级提拔至正处级、正处级提拔至副厅级,其在晋升前鲜有在政府部门的履职经历,由于本书主要聚焦员工的内部晋升,所以这里对员工晋升前的政治身份或岗位不做考虑。但是有研究显示秘书等岗位接触领导的机会更多,所以会存在更强的私人关系[241]。同时,秘书类岗位更倾向于锻炼员工的沟通协调能力,一些外部的协调处理工作可能使其获得更多的人脉积累。所以基于此,本书将履职背景中的秘书岗位作为参考,并将"秘书"岗位的概念扩展至办公室工作岗位,因为办公室工作岗位满足与管理者频繁接触以及与外部沟通协调这两个条件。所以在晋升前的历任岗位中,将员工是否具有办公室的工作经历作为一个指标,有为1,没有为0。这里需要考虑在办公室工作岗位的工作年限,工作年限不同,员工获得关系资源的多少也会不同,所以这里设定基数为一年,满一年为1,小于一年则不做考虑,每增加一年变量值增加0.2。

第四,是否存在交流挂职的情况。交流挂职可以显著地提升员工的人脉和资源,也可以作为企业对员工能力培养的一个显性标志。比如大型企业的省分公司的员工是否有到总部交流的经历,地市分公司的员工是否有到省分公司或总部交流的经历,或者员工有无去企业外的政府部门交流挂职的情况等。上述情况有为1,无为0。交流挂职一般需要一年以上,并有一个明确的时间期限,如1～2年,所以这里不再考虑增加交流挂职年限带来的效用。

基于上述分析,通过累加得到描述关系资源的公式如下:

$$\text{Poli} = \text{Ft} + \text{Alu} + (\text{Offi} + 0.2 \cdot \text{Year}) + \text{Exch} \tag{4-1}$$

其中：Poli 表示员工晋升前获得的关系资源，Ft 表示员工是否与决策层存在老乡关系，Alu 表示员工是否与决策层存在校友关系，Offi 表示员工在晋升前是否有办公室工作经历，Year 表示员工在办公室的工作年限，Exch 表示员工是否在晋升前有交流挂职情况。

综上，本书选择员工的性别、最终学历、初始学历、年龄、晋升前岗位任职年限、关系资源作为自变量对职位晋升进行分析。

4.1.3 主要研究对象及假设的提出

现有大型企业的晋升研究大部分将企业的"一把手"或"二把手"当作研究对象[1,13,17]。本书认为这样做有三个原因。第一是企业的营业收入、资产收益率、营业收入增长率等指标可以用来当作企业"一把手"或"二把手"的业绩，或代表其工作能力和努力程度，此外这些数据相较于企业内部的省、市、县分公司的营业数据更为容易获取。第二是企业的经营业绩恰恰可以作为企业主管外部晋升的一个依据，以国有企业为例，其管理人员的选拔严格执行中央提到的选任领导干部的"德、能、勤、绩、廉"五方面标准。可以看出，在这五个方面中"绩"是最容易进行量化的，而对于私营企业来说，业绩仍然是最容易量化且必须要考核的。所以业绩在大型企业的晋升考核中起着重要作用。第三是大型企业的"一把手"或"二把手"的晋升空间更多在企业外部而不是在企业内部，国有企业中他们更多的是会晋升到政府机构，私营企业中他们则会到外部更大的企业任职，这样的晋升模式较为明显并相对容易概括。

本书试图把目光聚焦在企业内部，即大型企业的各省分公司、地市分公司、区县分公司员工的晋升，或企业总部的内部职能处室员工的晋升等。以央企为例，大型央企的行政级别如果是副部级，那么各省分公司的行政级别是正厅级，分公司内部的各个处室的行政级别是正处级；地市分公司的行政级别是正处级，而地市分公司的各个处室的行政级别是正科级；区县分公司的行政级别是正科级，下属的各部门人员的行政级别是副科级或科员。那么在级别层次较多、内部结构复杂的大型央企中，科级管理者如何晋升为处级管理者是非常具有研究价值的问题，大量的处级管理者在央企内发挥着重要的管理作用。处级管理者在央企内部属于中层干部群体,与科级管理者相比,具有较为明显的权力和责任,对于科级管理者来说属于"上台阶"式的晋升岗位。同时,相比于企业的"一把手",处级管理者整体较为年轻,会呈现出更为与时俱进的鲜明特质。除央企外,大型私营企业也存在相似的特征,其子公司负责人,或总部各业务板块负责人等中层管理者是推动企业发展的中坚力量。相比于央企,私营企业内部岗位的分类模式较多,没有统一固定的标准,且一般不如央企的体量大,而数据分析在大体量下结论会更为精准。所以,本书以央企中科级管理者向处级管理者的晋升为主要研究对象。

不同于企业"一把手"或"二把手"的外部晋升,企业内部晋升考虑的因素可能会更多。一个分公司众多、内部部门复杂、目标多样化的大型企业,其员工的内部晋升可能不会单一地考虑经营业绩的影响,本书认为有三方面原因。

第一,大型企业的业务多元化使其除经营业绩外还存在许多其他任务,如普遍服务责任、提供社会福利等,这会减小经营业绩的影响,所以一些非经济因素就会与晋升存在较强的相关性[91]。

第二,企业内的许多岗位,可能本身就与经营业绩没有直接关系,如办公室、人力资源、财务会计、宣传党建、市场协同、质量管控、科技开发、服务支撑等,那么这些岗位上的员工在晋升时,除了决策者主观上对其工作能力的观测与评价,还会有许多其他因素对其产生影响。

第三,在企业的一些岗位中,即使是业务经营岗,由于员工所处层级较低,也会有许多因素去影响其业绩,从而导致不能简单地根据业绩去衡量员工的能力和工作表现,如企业整体的经营政策变化、其所在的地区性环境和业务特点、业务涉及的多部门协调、横向和纵向的多重管理等。

所以,为了在研究中排除经营业绩对晋升的影响,从而有效地分析一些其他的非业绩因素,本书会将员工在企业的内部晋升作为着力点进行分析。基于本章的研究,本书认为一些基于人力资本的员工人口学因素或关系资源因素有可能会对员工的内部晋升产生一定的影响。在大型企业内部的各层级晋升中,本书做出如下推断。

第一,性别带来的职场差异以及女性的"晋升天花板"问题仍然存在,而且级别越高问题越明显。

第二,根据人力资本理论,本书认为受教育程度对晋升是起到正向作用的,且初始学历和最终学历都可以对晋升起到正向作用,但是在入职前获得最终学历比在入职后获得最终学历的员工更容易获得晋升[125]。

第三,将受教育程度与性别差异相结合,本书认为女性在晋升中需要补偿一部分性别差异带来的负效应,即女性的晋升标准会更高,那么在大型企业内部,女性的受教育程度要高于男性才有可能获得晋升,即相比于男性,受教育程度对女性的晋升会更有帮助。

第四,根据人力资本理论,员工的年龄和晋升前岗位任职年限代表着经验和技巧的积累。但是当年龄超过一定阈值后,员工的工作能力、热情和精力会随着年龄的增加而下降[127]。根据以往的一些以大型企业"一把手"为对象的研究,可以看出"一把手"整体年龄偏大,已经到了其工作能力和精力下降的阶段,所以基于一些现行的干部年轻化政策,有研究显示年龄可能会与晋升成反比[1,17]。但是在企业内部,如央企中由科级晋升到处级,员工可能还处在积累工作表现、工作技巧和经验的阶段,且企业仍然存在一些"论资排辈"的观念,所以本书认为,在这个级别的管理者中,年龄、晋升前岗位任职年限可能会与晋升成正比,直到超过某个年龄的限定阈值,即企业认为员工年龄过大导致其失去培养价值时,才会出现年龄对晋升的负向作用。

第五,本书认为员工的关系资源与晋升相关,员工获得的关系资源越多越容易获得晋升,但是根据人力资本理论,具备较高人力资本的员工可能本身就会得到较强的组织承诺,企业会对高人力资本员工有更多的期待,同时为了留住高人力资本员工,企业也会主动给予其更多的机会。所以本书认为相对于高学历员工,低学历员工更加需要关系资源作为晋升的筹码。

根据以上五点,本章提出如下假设。

H4-1:在大型企业内部,男性员工比女性员工更容易获得职位晋升。

H4-2:在大型企业内部,员工的初始学历和最终学历越高,越容易获得职位晋升。且最终学历在入职前获得比在入职后获得的员工更容易获得职位晋升。

H4-3:在大型企业内部,相对于男性员工,学历对于女性员工的职位晋升更为重要。

H4-4:在大型企业内部,员工年龄与职位晋升正相关,直到年龄超过某个阈值后,才会出现反作用。

H4-5：在大型企业内部，在一定的年龄范围内，员工晋升前岗位任职年限与职位晋升正相关。

H4-6：在大型企业内部，关系资源与员工的职位晋升正相关。

H4-7：在大型企业内部，相对于高学历员工，关系资源对低学历员工在职位晋升中的作用更为重要。

4.2 基于 Logistic 回归的实证分析

4.2.1 实证背景

本书以我国大型企业为研究背景，并以大型企业中的各省、地市、区县分公司内部的管理人员为主要研究对象，分析员工的人口学特征以及关系资源是否会对其内部晋升产生影响。

在目前的企业转型升级中，许多大型企业在追求经济效益的同时，还承担着一系列社会性任务，这形成了现代大型企业复杂性的特点[242]。比如一些大型国有企业在能源供给、金融服务、交通运输等各个方面担负着国家要求的普遍服务任务，一些大型私营企业在信息交流、信息检索、线上交易等方面担负着国家要求的社会服务任务。这些大型企业拥有国家层面的政策资源支持，这有助于企业的快速发展[243]，但这种支持也会削弱企业自主推动经济产出的动力。同时，一些大型企业具有国家持股或控股的身份，这也使其具有了推进社会发展、创造社会福利、承担普遍服务的社会责任。所以整体来看，大型企业目标和职能的多样性会带来其所需人才的多样性和综合性。以国有企业来说，其管理者具有较为明显的"经济性"和"行政性"的双重身份，且相比于私营企业，其"行政性"的身份更为明显。所以尽管许多国有企业已经在向经济型治理转型，但却依然存在干部任免行政化的特征[90]。比如从晋升程序上看，国有企业的管理岗位人员仍然是由各级党委按照政治程序、组织程序进行任命的[3]。

本书以某大型企业为背景进行实证研究。该企业设立党组、董事会、经理层，下设31个省分公司,以及各地市、区县分公司,下属营业网点达5.4万个,乡镇网点、建制村网点的直接覆盖率为100%。该企业是一个典型的业务多元化的大型企业,近年来随着数字经济的发展,其改革创新不断深入,经营了快递物流、银行、保险、证券、基金、电子商务、报刊发行等多项业务,并承担了快递物流、普惠金融等国家要求的普遍服务任务。此外,该企业响应国家乡村振兴战略,承担着农村电商等社会帮扶性任务,积极助力数字化乡村振兴。该企业在2022年《财富》世界500强企业中排名前100位,在我国大型企业中具有一定的代表性。该企业组织结构丰富,集团公司总部和各省分公司在具体部门设置时略有不同,但是整体来说可以概括为包括办公室、市场协同部门、业务经营部门、战略规划部门、渠道平台部门、信息技术部门、数据分析部门、财务部门、人力资源部门、党建部门、新闻宣传部门、计划建设部门、审计部门、团委、工会等在内的多个部门。

该企业内部业务多元化,既有绩效产出的要求又承担了国家要求的普遍服务等社会性职责,其对于管理岗位员工的培养和选拔也具有综合性要求。其内部管理岗位员工的职位晋升具有相对较强的行政化特征。所以该企业内部的管理岗位员工晋升与本书的研究具有较高的一致性。

4.2.2 数据及统计性描述

本书的研究以合作咨询的形式,在企业内部进行调研,并获得了其人力资源管理系统中的10万余条脱敏的管理岗位员工数据,这些数据包括员工的一些个人信息,如性别、年龄、履职经历、学历、职称、职位、继续教育等维度的信息,但是不包括员工的姓名、身份证信息、联系方式、薪酬等敏感信息。在经过该企业人才测评中心的授权后,本书将这些数据作为研究对象。由于这些数据是通过逐级审核导入信息化系统中的,并有专人对数据库中的数据定期地进行增加、修改和删除,所以相比于一些手工收集的员工数据,这些系统中的数据整体来说准确性较高。

我国许多大型企业在经过了数十年的发展与改革后,已经从传统的劳动密集型企业转型为集科技研发、信息技术、综合服务、产品运营、电子商务、市场营销于一体的大型综合企业。所以数十年间的变化使企业的用人需求和特点也发生了鲜明的变化,其员工的人力资本也在不断提升。本书为了保证研究的精确性,选取了2012—2022年这十年间企业总部以及其各省分公司、地市分公司、区县分公司的平均每年1~2次的岗位调整数据并将其作为分析样本。

由于该企业的厅局级管理者的整体样本较少,所以本书在影响员工晋升的因素分析中会以科级管理者晋升到处级管理者为主要研究对象。本书认为副处级管理者向正处级管理者晋升的特点,以及正处级管理者向副厅级管理者晋升的特点与正科级管理者向副处级管理者晋升的特点会呈现出一定的相似性,本书会在稳健性检验中对其进行分析和验证。

由于只有少数员工会获得职位晋升,所以一个大量的员工样本数据会呈现出未晋升的人数远大于晋升的人数的特点。如在本书控制的2012—2022年这十年间的晋升数据中,除去一些由系统录入等问题带来的噪声数据,最终共有23 600条正科级管理者数据,其中晋升为副处级的管理者仅为2 320人,未晋升人数与晋升人数的比例大致为9:1。如果将这些数据直接进行基于晋升的相关性分析,那么由于因变量取值的严重不平衡,会影响结论的准确性。

在以往的研究中,研究人员会手工对数据进行选取以保证维度值相对均匀合理,但是这样在选取的过程中会出现数据具有一定主观性的情况,甚至会出现按照结论选择数据的情况。本书利用数据规约的思路,采用K-means聚类算法对未晋升人员的数据进行聚类,保证每一类类内成员的相似性最高,而类之间的相似性最低。这样对聚类后的每一类进行类成员的随机选取,可以达到科学地、合理地、自适应地选取数据的目的。

K-means聚类以空间向量的距离度量为基础刻画事物的相似性,然后再进行类的划分,首先会根据要构建划分的数目K创建一个初始划分,之后采用一种迭代的重定位技术,尝试通过对象在划分间移动来改进划分。一个好的划分的一般准则是:在同一类中的对象之间尽可能"接近"或相关,而在不同类中的对象之间尽可能"远离"或不同。K-means聚类算法的具体步骤如下[181]:

第一,从未晋升的所有人员中随机选择k个数据点$C_1,C_2,\cdots,C_k$,作为初始的聚类中心;

第二,分别计算每个数据对象与这些中心点的距离,这里的距离度量可以采用欧氏距离,即综合比较每一个数据对象在性别、年龄、晋升前岗位任职年限、学历等维度上与中心点的差距,并根据最小距离原则,以初始聚类中心为准将数据划分为不同的组;

第三,把所有的数据都分配到相应的组之后,计算每一组所有数据在不同维度

上的平均值,得到每一组的新的聚类中心 C_j;

第四,循环执行第二步和第三步,直到数据类别的划分前后两次不再发生变化为止。

本书将未晋升的 21 280 名员工,通过聚类分析划分成 5 类,之后在每一类中结合中心点的特征,按一定比例进行类内的随机选取,使大数据量变小,具体如表 4-1 所示。

表 4-1 未晋升人员的 *K*-means 聚类划分

聚类	类成员个数	每一类随机选取比例	最终选取人数
聚类-1	4 520	15%	678
聚类-2	3 880	10%	388
聚类-3	4 635	15%	695
聚类-4	4 546	15%	682
聚类-5	3 699	10%	370
汇总	21 280	10%～15%	2 813

最终本书以同一次晋升过程中是否获得晋升为参考,累计选取的未晋升人员为 2 813 人,晋升人员为 2 320 人,共计对 5 133 人进行分析,未晋升人员与晋升人员的比例约为 1.2:1,因变量的取值比例较为合理,不会影响结果的准确性。之后,按照规则对离散型变量进行赋值,连续型变量取其本身值,如表 4-2 所示。

表 4-2 变量赋值表

变量		变量赋值
是否晋升		晋升=1,未晋升=0
关系资源	与领导的老乡关系	同一地市=1,同一区县=2,同一地市(都处在企业所在地)=0.5,其余=0
	与领导的校友关系	同一院校=1,同一院校(在校期间有交集)=2,其余=0
	晋升前岗位	晋升前历任岗位中有办公室岗位=1+0.2×年限,其余=0
	交流挂职	有向上的交流挂职(或横向的政府部门挂职)=1,其余=0
性别		女性=1,男性=0
年龄		连续型变量
年龄大于 45 岁		年龄大于 45 岁为 1,年龄小于或等于 45 岁为 0
晋升前岗位任职年限		连续型变量
最终学历		博士及重点大学硕士研究生=2,硕士研究生=1,硕士研究生以下=0
初始学历		重点大学本科=2,其他大学本科=1,本科以下=0
是否在入职前获得最终学历		入职前获得=1,入职后晋升前获得=0

这里有几点需要注意。第一,在 2020 年该企业内部最新的人事政策中,对于晋升到副处级岗位的员工要求年龄原则上不超过 40 岁,这是该企业内部目前较为严格的一个年龄要求,2020 年以前没有对此项进行明确规定,但是也有干部任用年轻化的倾向。由于本书数据为 2012—2022 年间的员工数据,所以对于晋升到处级岗位,这里把年龄限定阈值放宽到 45 岁。第二,对于最终学历,尤其是在数据相对庞大的 31 个省分公司层面,博士研究生的整体样本量较小,不具备很强的统计学意义,所以这里将其与重点大学硕士研究生整合处理。本书将重点大学的概念设定为:世界一流大学建设院校或 985 院校,以及一些社会和企业认可度相对较高的世界一流学科建设院校或 211 院校,如中央财经大学、对外经济贸易大学、北京邮电大学、北京外国语大学、中国政法大学等。第三,初始学历分为重点大学本科、本科或本科以下,重点大学本科与上述设定相同。第四,为了突出比较职场性别差异带来的影响,这里设定女性等于 1,男性等于 0。第五,该企业内部的人事政策没有十分具体规定正科级晋升为处级需要的任职年限,但是对整体的科级岗位年限规定原则上要满五年,即副科级加正科级时间满五年。所以这里的晋升前岗位任职年限为副科级与正科级年限的累加。

把要研究的因变量和自变量数据进行统计,得到变量的描述性统计,如表 4-3 所示。

表 4-3 变量的描述性统计

变量类型	变量名称	变量符号	观测数	最大值	最小值	均值	标准差
因变量	是否晋升	Pro	5 133	1	0	0.45	0.50
自变量	关系资源	Poli	5 133	6.2	0	0.92	0.64
	性别	Sex	5 133	1	0	0.42	0.49
	年龄	Age	5 133	60	23	42.66	3.23
	年龄大于 45 岁	Age>45	5 133	1	0	0.23	0.42
	晋升前岗位任职年限	Tenure	5 133	16	2	6.65	2.12
	最终学历	Edu	5 133	2	0	0.85	0.64
	初始学历	Edu1	5 133	2	0	0.72	0.65
	是否在入职前获得最终学历	Edubef	5 133	1	0	0.74	0.43

由表 4-3 可以看出,整体的样本数据取值相对合理,因变量经过聚类处理,未晋升人数略多于晋升人数,但整体看较为平均。在自变量的离散值中:男性占比略多于女性;年龄大于 45 岁的科级干部整体较少;最终学历为硕士研究生以及硕士研究生以下的员工占多数,初始学历为本科及本科以下的员工占多数,高学历人才占比小于 40%,70% 以上的员工在入职前获得最终学历。

4.2.3 Logistic 回归分析

在回归分析前,首先利用 Pearson 相关系数矩阵进行自变量间的共线性检验,如表 4-4 所示。

表 4-4 自变量 Pearson 相关系数矩阵

变量	Poli	Sex	Age	Age>45	Tenure	Edu	Edu1	Edubef
Poli	1							
Sex	0.038*** (0.002)	1						
Age	0.063*** (0.005)	0.011*** (0.004)	1					
Age>45	0.088*** (0.000)	0.015*** (0.006)	0.108*** (0.006)	1				
Tenure	0.133*** (0.000)	0.125*** (0.000)	0.212** (0.024)	0.188*** (0.000)	1			
Edu	−0.167** (0.028)	−0.102*** (0.007)	−0.044*** (0.000)	−0.014*** (0.007)	0.022*** (0.000)	1		
Edu1	0.154*** (0.004)	0.134*** (0.000)	−0.052*** (0.005)	0.055** (0.031)	0.017*** (0.002)	0.216* (0.067)	1	
Edubef	0.071*** (0.000)	0.038*** (0.000)	0.026*** (0.000)	−0.016** (0.034)	0.048*** (0.000)	0.045*** (0.000)	0.012*** (0.004)	1

注:圆括号内为 p 值,***、**、* 分别代表 0.01、0.05、0.1 的显著性水平。

由表 4-4 的相关性检验可以看出,自变量间的相关性较弱,相关系数大多低于 20%,不存在明显的多重共线性问题。由于目前大型企业中较少有降职处理,所以因变量为晋升和未晋升的二分类变量,基于此,本书采用二元 Logistic 回归进行分

析,基本的回归模型如下:

$$Pro=\beta_0+\beta_1 \cdot Poli+\beta_2 \cdot Sex+\beta_3 \cdot Age+\beta_4 \cdot Tenure+\beta_5 \cdot Edu+\beta_6 \cdot Edu1 \quad (4\text{-}2)$$

对于回归中的离散型变量,"性别"变量中男性为对照组,"最终学历"变量中硕士研究生及以下为对照组,"初始学历"变量中本科以下为对照组。Logistic 回归模型的主要结果如表 4-5 所示。

表 4-5 Logistic 回归模型的主要结果

变量	模型 1	模型 2	模型 3	模型 4	模型 5
Poli	0.433***	0.328***	1.495***	0.775**	0.643***
	(0.006)	(0.004)	(0.000)	(0.041)	(0.004)
Sex(女性=1)	−0.572***	−1.228***	−1.332***	−1.431***	−1.613***
	(0.000)	(0.006)	(0.000)	(0.002)	(0.000)
Age	0.135***	0.084**	0.033**	0.062**	0.058***
	(0.006)	(0.036)	(0.026)	(0.022)	(0.008)
Tenure	0.287***	0.333***	0.292*	0.331**	0.347**
	(0.000)	(0.008)	(0.068)	(0.036)	(0.031)
Edu	0.358***	0.067***	1.466***	0.921***	0.755***
	(0.006)	(0.000)	(0.001)	(0.004)	(0.000)
Edu1	2.682***	3.273***	2.239***	2.444***	2.892***
	(0.000)	(0.005)	(0.000)	(0.003)	
Edubef		1.762***	1.083***	2.263***	2.334**
		(0.003)	(0.002)	(0.000)	(0.032)
Age>45		−1.054***	−1.273***	−1.434***	−2.662***
		(0.000)	(0.006)	(0.002)	(0.006)
(Sex=1)*(Edu=2)			0.078***		
			(0.007)		
(Edu=2)*Poli				0.145	
				(0.218)	
(Edu=1)*Poli					0.082***
					(0.004)
截距	−2.723	−3.025	−3.521	−2.886	−2.241
调整的 R 方	0.264	0.261	0.255	0.256	0.256
样本数	5 133	5 133	5 133	5 133	5 133

注:圆括号内为 p 值,***、**、* 分别代表 0.01、0.05、0.1 的显著性水平。

模型1和模型2为非交互模型。模型1为基本Logistic模型,其中自变量为关系资源、性别、年龄、晋升前岗位任职年限、最终学历、初始学历。模型2中加入了是否在入职前获得最终学历、年龄阈值两个调节变量。模型3、模型4、模型5为交互模型,在模型2的基础上分别加入了女性与最终学历为高学历的交互项、最终学历为高学历与关系资源的交互项、最终学历为中等学历与关系资源的交互项。

通过模型1可以看出,员工的关系资源对其晋升为处级管理者具有较强的正向影响,关系资源越强,越容易获得晋升,即关系资源高一个单位,其获得晋升的可能性是关系资源低一个单位的1.542倍($e^{0.433}$);此外,晋升中性别的不公平性仍然较为明显,女性晋升为处级管理者的可能性比男性要低43.6%($e^{-0.572}-1$),由此H4-1和H4-6成立。

在模型1和模型2中,员工的年龄与晋升为处级管理者呈正相关性,同时员工在科级岗位的任职年限与晋升为处级管理者也呈正相关性,而模型2中年龄大于45这一变量与晋升呈显著负相关性,说明超过一定年龄阈值后,继续向上晋升的空间越来越小。即在一定的年龄范围内,随着在岗位上资历的累积以及人力资本的提升,晋升的概率会逐步加大。但是超过一定年龄后如果仍然没有晋升为处级管理者,那么可能会被认为失去了培养价值。由此H4-4和H4-5成立。

这里需要注意的是,在大型企业的"一把手"晋升研究中,大部分的晋升为企业外部的晋升,此类晋升级别更高,如在央企中正厅级晋升为副部级或副部级晋升为正部级。此类晋升中高管的年龄整体偏大,但任职经验丰富,其在以往的职业生涯中已经释放出显示其能力的信号,且继续积累人力资本的要求不强,所以在此类高管进一步的晋升中一般会要求被晋升者尽量年轻化,一些学者通过研究也得到了这样的结论[1,17]。但是在企业内部,晋升的级别相对较低,如科级晋升为副处级,年龄和岗位任职年限却成了加分项。本书认为副处级晋升为正处级仍然存在此类情况,在后续会进行检验。企业内部虽然也会存在晋升较快的年轻的处级管理者和厅级管理者,但是目前来看这并不是普遍现象,而较为普遍的情况是企业内"干部年轻化"政策推行不力或者是在不同层级被差异化执行,即"论资排辈"的现象在职位晋升中仍然存在。

从模型1和模型2中都可以看出,员工的初始学历和最终学历与晋升均呈正相关性,即学历越高越容易获得晋升,这与人力资本理论相一致。较好的教育背景可以代表较高的人力资本,而人力资本可以为企业带来生产力。高人力资本的员工需要更强的组织承诺感[33-34],而企业也愿意为其提供职位晋升等组织承诺,由此激励其在更重要的岗位上发挥更大的作用。模型 2 中还加入了是否在入职前获得最终学历这一调节变量,该变量与晋升也呈现出正相关性,这说明在企业中,员工最终学历在入职前获得比在入职后获得更容易得到晋升,这与学者 Rosenbaum 提出的观点一致[125],由此 H4-2 成立。

模型 3 中加入了女性与最终学历为高学历的交互项,可以看出这一交互项与晋升呈正相关性,而女性本身与晋升呈负相关性。所以这可以理解为相比于男性员工,女性员工的受教育程度越高越有利于其晋升,或女性员工的高学历在某种程度上抵消了其性别带来的晋升副效用,女性员工受教育程度的提高对其职位晋升的作用更为明显,由此 H4-3 成立。此结论可以解释以往的一些研究,如学者卿石松得到的女性的晋升标准要高于男性的结论,比男性更高的学历在这里可以当作其中的一个标准[141]。

模型 4 中加入了最终学历为高学历与关系资源的交互项,这里可以看出最终学历为高学历与关系资源作为独立的变量均与晋升呈正相关性,但是其交互项对晋升的作用却不显著。该现象可以理解为关系资源对于具有较高人力资本员工的晋升并不起促进作用。这是一个有意义的结论,这说明企业本身还是较为重视高人力资本员工的,在不需要关系资源和背景的前提下就会给予其较高的组织承诺,即我国大型企业近十年来的选人、用人在不断地向高学历人才倾斜。在模型 5 中,考虑我国大型企业的大部分管理岗位的员工均需要具有硕士研究生学历,所以这里把一般院校的硕士与重点大学的硕士和博士区分开,使其代表人力资本一般的员工,与关系资源做交互项,可以看出该交互项与晋升呈显著正相关性,相对于高学历员工,关系资源对低学历员工在晋升中的作用更为重要,由此 H4-7 成立。

4.2.4 稳健性检验

到此,本章还有两个问题需要解决。第一是没有单独考虑一些与业绩相关的岗位,第二是没有分析更高层级管理者的晋升过程。

对于第一个问题,在企业内一些相对低职级的晋升中,不同岗位的职责不同以及企业目标的多样化减小了经营业绩可能对晋升的影响。如人力资源岗、财务会计岗、党群工作岗、市场协同岗、信息技术岗等，诸如此类的大量的企业内部岗位并不需要通过经营业绩对员工进行考核；此外一些岗位虽然有经营职责，但是却也同时承担着普遍服务、社会福利的职能，加之各省、各地市情况不同，无法完全用业绩进行考核，所以本书到目前为止并没有引入业绩作为自变量之一进行分析。但是在选取的数据中，仍然会包括一些将经营业绩当作较为重要的指标的岗位。以正科级岗位向处级岗位晋升为标准，晋升候选人包括县分公司"一把手"、区分公司"一把手"、市分公司各业务部门的负责人等，在对这些与业务相关度较高的部门主要负责人进行晋升考核的过程中，业绩仍然是需要考虑的因素。

所以现在需要以之前分析的数据样本为基础，去掉不以业绩考核为主的科级管理者，只保留这些科级经营部门的负责人的数据，即县分公司"一把手"、区分公司"一把手"、市分公司各业务部门的负责人的数据等，并在自变量中加入该晋升候选人负责区域的业绩作为该模型的控制变量对回归方程进行稳健性检验。考虑10年的时间跨度较大，政策的变化以及市场趋势的变化会影响业绩，此外各地区经济水平不同，也会影响业绩水平。所以本书选取了近5年的数据，并选取该企业经营业绩较好的浙江、江苏、山东、广东、河南、福建、上海、天津、北京、湖南、湖北、四川、安徽等13个省（直辖市）中的较有代表性的一些地市、区县分公司。此外，考虑该企业内部较为常见的"不看存量看增量"的经营业绩评价方式，这里将其晋升前3年内所负责的分公司或业务部门的平均经营收入增长率作为度量（任职不足3年的取其实际任职年限；任职不足1年的，考虑晋升的内生性问题，直接删除），用Growth表示。数据样本中共有415位正科级管理者，其中晋升到副处级的有192位，未晋升人数与晋升人数的比例约为1.16:1，相对较为平均。加入经营业绩的Logistic回归结果如表4-6所示。

表4-6 加入经营业绩的Logistic回归结果

变量	模型1	模型2	模型3	模型4	模型5
Poli	0.335***	0.233**	0.774***	0.349***	0.288**
	(0.000)	(0.024)	(0.000)	(0.000)	(0.031)
Sex(女性=1)	−0.612***	−0.446***	−0.886***	−1.258***	−1.421***
	(0.004)	(0.003)	(0.000)	(0.007)	(0.000)

续 表

变量	模型 1	模型 2	模型 3	模型 4	模型 5
Age	0.157***	0.084***	0.033***	0.077*	0.062**
	(0.008)	(0.006)	(0.008)	(0.064)	(0.041)
Tenure	0.325**	0.223***	0.208**	0.422***	0.227***
	(0.033)	(0.000)	(0.037)	(0.008)	(0.000)
Edu	0.466***	0.267***	0.885***	0.662**	1.245**
	(0.002)	(0.000)	(0.000)	(0.028)	(0.022)
Edu1	3.144***	4.067***	3.694***	4.227***	3.646***
	(0.000)	(0.000)	(0.000)	(0.005)	(0.008)
Edubef		0.082***	1.042**	1.109***	0.846***
		(0.003)	(0.035)	(0.007)	(0.007)
Age>45		−0.396***	−0.652**	−1.235***	−1.348***
		(0.007)	(0.027)	(0.000)	(0.007)
(Sex=1)*(Edu=2)			0.098***		
			(0.000)		
(Edu=2)*Poli				0.078	
				(0.323)	
(Edu=1)*Poli					0.066***
					(0.000)
Growth	1.024**	0.806***	0.635***	0.425***	0.694**
	(0.028)	(0.000)	(0.006)	(0.003)	(0.015)
截距	−4.274	−3.776	−5.225	−3.988	−3.741
调整的 R 方	0.242	0.238	0.235	0.235	0.228
样本数	415	415	415	415	415

注：圆括号内为 p 值，***、**、* 分别代表 0.01、0.05、0.1 的显著性水平。

通过表 4-6 可以看出，在加入业绩因素后，虽然由于岗位的限制，总样本变小，但原模型依然稳健，说明在企业内部的晋升中，控制业绩因素后，一些人口学特征因素以及关系资源因素仍然起到了较为明显的作用。

对于第二个问题，本书尝试将原样本分别替换为副处级晋升为正处级的数据以及正处级晋升为副厅级的数据。需要特别说明的是，在从副厅级向正厅级的晋升中，由于正厅级一般为该大型企业中省分公司的"一把手"或总部二级部门的"一把手"，整体数据量过少且变动不是十分频繁，加之每位该级别高管在内部晋升中都具有一些个性化的差异,如学历的不平均、性别的不平均、关系资源的不易度量等,较难找到规律性的晋升特质,所以在此暂不做考虑。即便如此,由于越往高层级晋升人数越少,所以本次检验中整体样本数据仍然相对较少。在副处级晋升为正处级的数据中,未晋升为正处级管理者的比例远高于晋升为正处级管理者的比例,为此在去除一些噪声数据后,本书仍然沿用 K-means 聚类的方法对未晋升的副处级管理者进行数据规约,使其样本容量合理地变小,由此匹配晋升人员数量,这里出于篇幅的考虑不再展开介绍。最终通过数据处理得到样本 1 162 人,其中晋升为正处级管理者的为 554 人,未晋升人数与晋升人数的比例约为 1.1∶1,较为平均。

在副处级晋升为正处级的分析中,变量"年龄>45"不再适用,在该企业 2020 年最新的内部岗位任职政策中,对于晋升到正处级岗位的管理者要求年龄原则上不超过 45 岁,2020 年以前没有对此项内容进行明确规定,但是也有干部任用年轻化的倾向。由于本书数据为 2012—2022 年间的员工数据,所以对于晋升到正处级岗位的员工,这里把年龄限定阈值放宽到 50 岁,同理将晋升到副厅级岗位的年龄阈值设定到 55 岁。

通过 Logistic 回归模型得到主要回归结果,如表 4-7 所示。

表 4-7 副处级晋升为正处级的 Logistic 回归结果

变量	模型 1	模型 2	模型 3	模型 4	模型 5
Poli	0.122***	0.077***	0.238***	0.055***	0.314***
	(0.000)	(0.005)	(0.000)	(0.000)	(0.007)
Sex(女性=1)	−1.125***	−0.971***	−0.844***	−1.018***	−0.982***
	(0.000)	(0.000)	(0.000)	(0.005)	(0.000)
Age	0.088***	0.066**	0.105**	0.141**	0.098*
	(0.004)	(0.028)	(0.035)	(0.024)	(0.072)
Tenure	0.242***	0.135***	0.168***	0.233***	0.262**
	(0.000)	(0.000)	(0.003)	(0.000)	(0.035)
Edu	0.554***	0.442***	0.626***	1.455***	1.077***
	(0.007)	(0.000)	(0.000)	(0.000)	(0.002)
Edu1	4.458***	3.836***	4.447***	4.556***	5.233***
	(0.000)	(0.000)	(0.000)	(0.003)	(0.004)
Edubef		0.056*	0.088**	0.093**	0.122***
		(0.068)	(0.042)	(0.027)	(0.000)

续表

变量	模型1	模型2	模型3	模型4	模型5
Age>50		-0.128***	-0.341***	-0.784***	-1.877***
		(0.004)	(0.000)	(0.000)	(0.003)
(Sex=1)*(Edu=2)			0.121***		
			(0.000)		
(Edu=2)*Poli				0.096	
				(0.335)	
(Edu=1)*Poli					0.102***
					(0.000)
截距	-3.692	-2.727	-4.083	-3.922	-3.475
调整的R方	0.272	0.264	0.262	0.260	0.252
样本数	1 162	1 162	1 162	1 162	1 162

注：圆括号内为 p 值，***、**、* 分别代表 0.01、0.05、0.1 的显著性水平。

由表4-7可以看出，将样本数据替换为副处级向正处级晋升的数据后，虽然由于级别的向上提升，总样本变小，但原模型依然稳健，说明在企业内部由副处级向正处级的晋升类似于由正科级向副处级的晋升，一些人口学特征因素以及关系资源因素起到了较为明显的作用。

对于正处级向副厅级的晋升，10年间整体数据量较小，过滤掉噪声数据以及一些如从外部企业或政府调入的非典型内部晋升数据后，本书筛选了95条相对有价值的正处级晋升为副厅级的数据，并通过 K-means 聚类的方法在未晋升的正处级管理者数据中进行数据规约，得到117条未晋升的管理者数据，总样本数为212，未晋升人数与晋升人数的比例约为1.23:1，整体较为平均。

表4-8 正处级晋升为副厅级的 Logistic 回归结果

变量	模型1	模型2	模型3	模型4	模型5
Poli	0.367***	0.124***	0.301***	0.212***	0.402***
	(0.000)	(0.005)	(0.000)	(0.002)	(0.000)
Sex(女性=1)	-2.236***	-1.843***	-2.241***	-1.773***	-1.455***
	(0.000)	(0.006)	(0.000)	(0.002)	(0.000)
Age	-0.068***	-0.073***	-0.088***	-0.115**	-0.202**
	(0.007)	(0.000)	(0.006)	(0.038)	(0.027)

续表

变量	模型1	模型2	模型3	模型4	模型5
Tenure	0.151***	0.172**	0.223***	0.328*	0.156***
	(0.002)	(0.028)	(0.000)	(0.074)	(0.000)
Edu	1.362***	1.365**	1.457***	0.864***	1.335***
	(0.002)	(0.033)	(0.000)	(0.002)	(0.008)
Edu1	5.663***	4.644***	5.866***	5.208***	3.772***
	(0.002)	(0.000)	(0.005)	(0.000)	(0.003)
Edubef		0.163	0.107	0.093	0.158
		(0.258)	(0.166)	(0.331)	(0.188)
Age>55		−0.206***	−1.092***	−0.343***	−0.755***
		(0.000)	(0.000)	(0.003)	(0.000)
(Sex=1)*(Edu=2)			0.252***		
			(0.000)		
(Edu=2)*Poli				0.104	
				(0.422)	
(Edu=1)*Poli					0.087***
					(0.000)
截距	−4.332	−3.803	−4.212	−3.754	−3.182
调整的R方	0.244	0.236	0.232	0.232	0.228
样本数	212	212	212	212	212

注：圆括号内为 p 值，***、**、* 分别代表 0.01、0.05、0.1 的显著性水平。

从表 4-8 可以看出，将样本数据替换为正处级向副厅级晋升的数据后，整体回归结果与之前基本一致，但是出现了两点变化。第一，年龄变量变为了负值。这说明在向厅级管理者晋升时，由于管理者的整体年龄较大，"干部年轻化"的要求变得重要起来，而不再需要通过时间和资历的积累获取晋升的通道，这与杨瑞龙和张霖琳等人对国有企业"一把手"晋升的研究结论是一致的[1,17]。第二，最终学历是否在入职前获得变得不再显著。本书认为这有可能是由于能够晋升为厅级的管理者整体资历较老，入职较早。其入职时的学历并不十分具备优势，且由于年代的关系在其初步晋升时学历可能并没有被认为是一个很重要的因素。但是随着时间的推移，在企业转型高速发展的过程中，高学历人才不断涌入企业，内部竞争加剧，使学历变为晋升的要素之一，所以为了提升自身的人力资本并获得较高的组织承诺，这其中有一部分人就选择了入职后的在职学历提升,即高级别的管理者并不是都在入职前完成了最终的学历教育,所以导致这一变量变得不再显著。

4.3 本章小结

本章重点研究了我国大型企业中影响员工职位晋升的一些因素。首先,本章对相关的理论和文献进行了回顾,分析了以业绩因素为晋升标准可能出现的一些实际实施和理论研究层面的问题,以人力资本理论和高阶理论为基础提出了非业绩的一些人口学特征因素对晋升的影响,以及关系资源对晋升的影响,进而提出了以员工的性别、最终学历、初始学历、年龄、晋升前岗位任职年限、关系资源为自变量进行晋升研究。同时,以以往的文献为基础,结合大型企业内部晋升的实际情况,本章在分析自变量时,创造性地设计了员工关系资源的数据度量方式,以老乡关系、校友关系、关键岗位履职、交流挂职的汇总对关系资源进行了相对客观的刻画。

其次,为了排除业绩因素的影响并填补以往学者们研究的空白,结合相关文献,本书将分析对象聚焦到大型企业内科级管理者晋升为处级管理者的情况,以此分析企业内部的晋升特点。本书以某大型企业以及其各省、地市、区县分公司为研究对象,在数据选取和数据规约后,以 Logistic 回归模型对影响科级管理者晋升为处级管理者的因素进行了分析,并采取了两种思路对模型进行了稳健性检验:①为增加研究的客观性,在原数据样本中筛选出以经营业绩为主要考核依据的员工,并增加业绩指标为控制变量,以此验证在控制了经营业绩因素后,原模型是否仍然稳健;②为扩展研究的适用面,将数据替换为副处级晋升为正处级以及正处级晋升为副厅级的数据,并验证在晋升层级提升的情况下,原模型是否仍然稳健。

最后,本章得到如下结论。

① 在我国大型企业内部各层级的晋升中,男性员工总是比女性员工更容易获得职位晋升,晋升中的性别差异以及女性的"晋升天花板"仍然存在。企业在设定晋升机制时,面对和解决"性别公平"的问题任重道远,这会影响对女性员工的激励。

② 在我国大型企业内部各层级的晋升中,员工的初始学历和最终学历越高,越容易获得职位晋升,这与人力资本理论是一致的。此外,在职位晋升的过程中,最终学历在入职前获得比在入职后获得的员工更容易得到晋升。但是在晋升为企业内较高级别的管理者时,最终学历是否为入职前获得并没有对职位晋升产生显著影响。

③ 在我国大型企业内部各层级的晋升中,相对于男性员工,受教育水平对女性员工的职位晋升更为重要,即女性员工的晋升标准要高于男性员工,高学历似乎可以用来补偿女性晋升的一些负效用,这恰恰也是"性别公平"需要解决的一个问题。

④ 在我国大型企业内部,在员工晋升的过程中,年龄与职位晋升正相关,直到年龄超过某个阈值后,才会出现反作用。但是在晋升为企业内较高级别的管理者时,年龄与晋升则会直接呈负相关性。这说明企业干部年轻化的政策在不同层级的执行力度不同:在相对低级别的岗位中,仍然存在较为明显的"论资排辈"现象,即资历、阅历在职位晋升中占据重要的位置;但是在高层级的领导岗位晋升时,却又直接地强调了"年轻化"的重要性,这会导致一些在初期晋升较慢的员工在向高层级晋升时由于年龄因素被"一刀切",从而影响晋升激励。企业在制定和执行晋升政策时应满足自下而上的一致性。

⑤ 在我国大型企业内部各层级的晋升中,员工晋升前岗位的任职年限越长越容易获得职位晋升,这可能与晋升政策中原岗位必须满足一定工作年限的要求有关,同时,任职年限也会体现出一定的资历、阅历以及人力资本的积累,这些也是晋升中要重点考虑的因素。所以,只要年龄符合相应规则,晋升前岗位任职年限越长对晋升越有利。

⑥ 在我国大型企业内部各层级的晋升中,员工的关系资源越强越容易获得职位晋升,这对员工的激励可能会产生一定的负效用。此外,由于高学历员工本身就具备较强的人力资本,其更容易获得企业的重视,并获得晋升等组织承诺。所以,相对于高学历员工,关系资源对低学历员工在职位晋升中的作用更为重要。

第 5 章 大型企业中职位晋升模式分析

本书在第 4 章主要分析了不同因素的变化对大型企业中员工职位晋升的影响,但是并没有对企业中职位晋升的模式或特征进行整体的归纳和概括。那么是否可以以第 4 章中的自变量为输入,以职位晋升为输出,利用数据挖掘中的不同分类算法进行建模和精度对比,得到多因素综合作用下大型企业的员工晋升模式呢?这是本章要研究的内容,晋升模式的归纳和概括可以使我们从更为综合的角度看到企业的用人特征。同时通过对高精度晋升模式的归纳与概括,也可以再一次对第 4 章的结论进行验证。

5.1 数据挖掘分类方法在职位晋升中的应用

5.1.1 分类方法与晋升

分类即在大量的数据中进行训练,由此得到一个模型,该模型可以用来识别未知的对象所属的类别,从而实现对象的类别预测。用于分类的数据挖掘算法有很多种,典型的算法有决策树分类、随机森林分类、神经网络的后向传播分类等。另外还有一些非典型分类算法,包括遗传算法、粗糙集和模糊集算法等[181]。目前,尚未发现哪种分类算法对于任何数据都是最优的。大量实验研究表明,许多算法的精确度非常相似,需要根据具体的数据和背景应用具体的算法。

分类的结果也可以用来预测。分类的结果通常用于目标维度为离散值的预测,如本书中符合哪些特征的人可能会获得晋升,是否晋升这个维度是一个二分类变量,属于离散值,对于此类目标维度的预测就可以用到一些典型的分类算法。但广义上来说,预测既包括目标维度为连续值的预测,又包括目标维度为离散值的预测。

在以往的企业员工的晋升研究中,一般都是基于回归的方法进行的研究,即相关性分析,通过回归模型分析不同因素是否会对晋升产生影响。但是这些方法却无法通过多个因素准确地概括出晋升的规律和模式。数据挖掘的分类方法可以有效解决此问题。然而,很少有学者会用到分类方法去研究人才晋升的规律,目前只有Jantan等利用数据挖掘的分类方法对新员工未来的绩效进行了预测[228],Wang等通过员工的教育背景等数据,利用数据挖掘方法对企业员工的发展潜力进行了预测和归纳[229],桑海风等利用ID3决策树算法分析了毕业生进入职场后的发展方向等[230]。除此之外,很少有学者将数据挖掘的分类方法和员工晋升结合起来。

本书在找到影响我国大型企业内部晋升的因素后,尝试以这些因素为输入,以是否晋升为输出,以企业人力资源数据为基础,通过数据挖掘中的一些分类算法构建晋升模型,对我国大型企业中的职位晋升模式进行概括,找到企业内部的晋升规律,该规律可以对企业的晋升机制和人才战略的制定起到决策辅助的作用。此外,由于分类方法属于有监督的学习过程,为了使研究更加严谨科学,本书将员工的数据样本分为训练集和测试集两个子集,在训练集中构建基于不同分类方法的多个晋升模型,将这些模型带入测试集进行精度的校验和对比,并将第4章中运用的Logistic回归模型当作一种分类方法一起进行校验,分析是否有新的模型精度高于Logistic回归模型,最终在所有模型中选择精度最高的模型概括晋升的规律和模式。同时,本章会将得到的晋升模式与第4章中通过Logistic回归得到的结论进行对比分析,力求再一次验证第4章结论的准确性,并对其进行补充。

5.1.2 决策树分类

决策树(decision tree)模型可以用于在大量数据中进行分类和预测,相比于其他分类算法,决策树的表示相对直观。其具有树状结构特征,依靠不同的节点表示分析对象的维度(属性),而每个分叉路径则代表了维度的值,每个叶节点则对应一类特征相似的对象。决策树算法在训练的过程中不需要了解很多的相关背景知识,只要训练样本能够用维度和维度值的方式表达,就可以使用该算法进行训练。

决策树是一种自上而下的树形结构,其构造方式也是自上而下的。最上面的一个节点称为根节点,也是整棵决策树的开始。在沿着决策树从上到下进行检索的过程中,在每个节点都会遇到一个决策问题,对每个节点上问题的不同回答产生不同的分支,最后到达一个叶节点。这个过程就是利用决策树进行分类的过程。也就是说,决策树可以利用数据的维度分析其所属的类别,其中节点的每个分支对应选择的维度的一个具体的维度值,每个叶节点则对应一个具体的类别。

回到晋升问题中,影响晋升的因素如学历、性别等,可以当作决策树构造时的不同节点,那么如果以性别维度为节点,该节点下的分叉路径就是其维度值男和女,即男和女就是两条分叉路径。最终,晋升维度的值构成决策树中的叶节点。很显然,如果可以构造出一棵以影响晋升的因素为树中节点的决策树,那么晋升模式或规律就可以很容易地被识别出来,从而可以用来对员工晋升进行归纳和预测。那么如何构造这样一棵决策树呢?很重要的一点就是选择哪些维度作为当前划分的节点,具体方法如下。

决策树学习的基本算法是贪心算法,采用自顶向下的递归方式构造决策树。开始时,所有待划分类别的对象都在根节点,然后用所选维度递归地对对象集合进行划分。当每个节点上的对象都属于同一个类别或没有维度可以再用于划分时停止操作。一般根据分成的组之间的"差异"最大化原则选择用于划分的维度,各种决策树算法之间的主要区别就体现在这个"差异"的衡量方式上。较为基础的决策树算法为 ID3 算法,该算法将信息增益作为不同维度选择的标准,这里信息增益是指期望信息或者信息熵的有效减少量,其能够描述不确定性的信息变化程度[197]。一般来说,将具有最高信息增益的维度作为当前节点的划分,可以使判定一个未知对象类别时所需的维度最少。ID3 算法的主要学习过程如图 5-1 所示。

在 ID3 算法中,一般可以设 S 是训练样本的集合,其中每个样本的类标号都是已知的。假定有 m 个类,集合 S 中类别 C_i 的记录个数是 $N_i, i=1,\cdots,m$。

设维度(属性) A 具有维度值 $\{a_1,\cdots,a_v\}$,维度 A 可以用来对 S 进行分组,将 S 分为子集 $S_1,\cdots,S_v$,其中 S_j 包含 S 中值为 a_j 的那些样本。设 S_j 包含类 C_i 的 S_{ij}

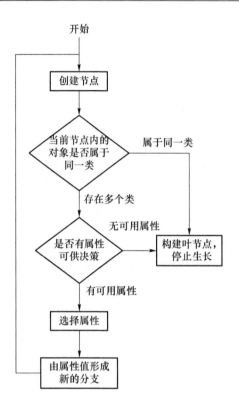

图 5-1 ID3 算法的主要学习过程

个样本,则将 S 划分为 m 个类的信息熵或期望信息为

$$E(S) = I(N_1, N_2, \cdots, N_m) = -\sum_{i=1}^{m} \frac{N_i}{S} \log_2 \frac{N_i}{S} \quad (5-1)$$

或者写成

$$E(S) = -\sum_{i=1}^{m} p_i \log_2(p_i) \quad (5-2)$$

其中 p_i 为 S 中的样本属于第 i 类 C_i 的概率。当样本属于每个类的概率相等时,上述的熵取到最大值。而当所有样本属于同一个类时,S 的熵为 0,也就是没有不确定性。其他情况的熵介于两者之间。

一个给定的样本分类所需的期望信息是

$$E(S, A) = \sum_{j=1}^{v} \frac{S_{1j} + \cdots + S_{mj}}{S} I(S_{1j}, \cdots, S_{mj}) \quad (5-3)$$

维度 A 的信息增益为

$$\text{Gain}(S, A) = E(S) - E(S, A) \quad (5-4)$$

熵值反映了对样本集合 S 分类的不确定性,也是对样本分类的期望信息。熵值越小,划分的纯度越高,对样本分类的不确定性越低。一个维度的信息增益,就是用这个属性对样本进行分类而导致的熵的期望值下降。

$\mathrm{Gain}(S,A)$ 是指因知道维度 A 的值后导致的熵的期望压缩。$\mathrm{Gain}(S,A)$ 越大,说明选择维度 A 作为节点对后续分类提供的信息越多,ID3 算法就是在每个节点选择信息增益 $\mathrm{Gain}(S,A)$ 最大的维度作为当前的节点[181]。

ID3 算法会根据信息增益最大的原则选择维度值最多的维度作为当前节点的划分,但是维度值最多的维度却不一定是最优的维度,所以 ID3 算法的划分形式也不一定是最优的划分。为解决此问题,Quinlan 又提出了 C4.5 算法对其进行改进,C4.5 算法使用信息增益率代替信息增益进行维度的选择,改善了 ID3 算法中选择取值较多的维度的问题,同时可以应用于连续型数据的处理。但是 C4.5 算法却偏向于选择取值较集中的维度,而这样的划分也不一定是最优的[197]。所以在 C4.5 算法的基础之上,Quinlan 又进一步提出了 C5.0 算法,其算法复杂度更低,适应性更强[199]。

除了上面介绍的以信息论原理为基础,使用信息增益来选择维度的 ID3 算法和在其基础上改进得到的 C4.5、C5.0 等算法,还有其他方法可以选择出合适的维度进行划分,而这些方法则衍生了另外一些不同的决策树算法,如采用卡方检验来选择维度的 Chaid 决策树、以 Gini 系数为节点划分依据的 Cart 决策树[200]。不同的决策树之间存在一定的差异,需要根据具体问题是不是离散的、得到的目标类别数量、是不是二叉树等特征选择合适的方法。

总体来说决策树算法分类速度快、准确性比较高。相比于 Logistic 回归模型,首先,决策树可以根据不同维度对知识进行归纳和总结,即在多个自变量的共同作用下得到知识模式,而 Logistic 回归更注重不同自变量与因变量的相关性分析,不能较好地进行知识的归纳并自动生成易于理解的规则。其次,相比于 Logistic 回归,决策树对于噪声数据的干扰具有较好的鲁棒性,并能够处理部分数据值缺失的问题。再次,Logistic 回归需要对解释变量进行一定的先验性假设,而决策树不需要任何先验性假设,使用起来较为灵活。最后,决策树相比于 Logistic 回归,存在容易过拟合的问题。对于此问题,决策树一般可以通过剪枝策略进行处理。

剪枝策略可以使一个相对复杂的树形结构变得简单,能够更好地归纳知识并更容易适应未知的情况。对于决策树来说,复杂的结构会使每个节点可能包含的样本个数减少,这样支持每个节点相关假设的样本数就会减少,从而导致决策树的精度下降。相反地,决策树的结构如果过于简单也会导致错误率的提高,因此,该算法需要在树形结构的复杂程度与结论的正确率之间寻找平衡。

剪枝策略一般包括限定树的生长高度、限定节点的样本个数等方法。本书选择用限定节点的样本个数的后剪枝策略,即限定每一个节点的最小样本数。给定一个最小阈值,当划分使得某节点样本数小于该阈值时,则认为此节点的划分失去意义,这时可以将其剪掉。后剪枝策略的计算量相对较大,但是一般会产生更为可靠的决策树。

5.1.3 随机森林分类

决策树算法的本质是一棵由多个判定节点组成的树。其核心是通过对数据的训练和计算,在众多维度中选择一个维度作为判定节点,从而构造一棵简单的树。然而,尽管有剪枝等方法,但决策树算法仍然需要面对局部最优和过度拟合的问题,此外还有一个无法规避的问题是:决策树根据不同的测算方式进行节点划分,那么最终形成的一棵决策树,其分类结果并不一定是最优的,理论上一定不如多棵决策树共同得到的结果准确。

所以,以决策树的思路进行延伸,Leo Breiman 在21世纪初提出了著名的随机森林(Random Forest,RF)算法,该算法以自助法(Bootstrap)重采样技术为基础,从原始样本集 N 中抽取样本形成多个新的样本子集,其抽取数据的形式是每次有放回地随机抽取 m 个样本,总共抽取 n 次,即形成了 n 个样本集,之后对所有样本集进行训练,生成 n 棵决策树,这些生成的决策树一起构成了随机森林,森林中的每一棵决策树通过"投票"产生分数,最终的分数决定随机森林的整体分类结果,如图5-2所示。

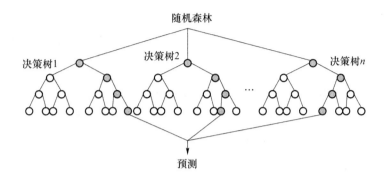

图 5-2 随机森林

该算法将大量决策树的运算结果整合在一起,而任何一棵树都是以独立抽取的数据样本训练而成的。一棵树的分类能力可能较弱,但随机生成大量的决策树后,将每棵树的分类结果进行统计,可以找出可能性最大的分类,这显著提高了算法的分类和预测能力[208]。

想象一下,假如你想要利用假期去旅游,但是你没有做攻略,不知道该去哪里最好,这时你会向一些朋友咨询。起初,你找到一位对旅游十分有经验的朋友,这位朋友会问你曾经去过哪些地方,你喜欢还是不喜欢这些地方。朋友通过你的回答可以为你制定出一些规则来确定他要推荐的地方,比如建议你去桂林、大理和三亚。随后你开始询问更多的朋友,他们会问你不同问题从而给出一些具体的地点建议。最后,你选择了朋友们推荐最多的旅游地点:桂林。这便是典型的随机森林算法原理。简单而言,随机森林根据数据集建立了多个决策树,并将它们合并在一起以获得更准确的分类和预测。

随机森林算法的具体执行过程如下。

① 从样本集中有放回地随机选出 n 个样本。这里采用独立随机的方式抽样,得到的每一个样本都是初始数据集的有放回抽样,用该方法抽取出来的训练集都是没有权重的,各训练集的待遇相同。

② 从所有维度中随机选择 k 个维度,利用这些维度对选出的样本建立决策树。这里与样本的随机选取类似,随机森林中的子树的每一个分裂过程并未用到数据集的所有维度,而是从所有维度中随机选取一定的维度,之后再在随机选取的维度中判断并选取最优的维度。这样能够确保构造的决策树都彼此不同,从而提

升整个系统的多样性,提升分类模型的性能。

③ 重复以上两步 m 次,即生成 m 棵决策树,这 m 棵决策树共同构成随机森林。

④ 对于新数据,经过每棵树的决策,最后投票确认分到哪一类。

从上面的步骤可以看出,随机森林中每棵树的训练样本都是随机选择的,树中每个节点的分类维度也是随机选择的,这两个随机的选择过程,保证了随机森林不会产生过拟合现象并具有良好的稳定性。

值得注意的是,随机森林在抽样生成不同的样本时,采用有放回的随机抽样方式,这种抽样方式产生的新样本不是原始数据集的简单复制,而是通过自身样本的重复而达到样本空间的重构,由于各个新的样本间也存在着差异,从而使产生的森林也存在着一定的差异,这种差异最后体现在随机森林中决策树生长过程的随机性上。而这种随机性又是有条件的,可以看作一种有条件的概率抽样,使得到的随机森林不至于过于发散,也不至于趋向局部的最优解。

在随机森林算法中,一般使用基尼系数来衡量节点划分的效果。假设样本 D 中有 K 个类,则其基尼系数为

$$\text{Gini}(D) = 1 - \sum_{k=1}^{K} \left(\frac{C_k}{D}\right)^2 \tag{5-5}$$

其中:C_k 是样本 D 中类 k 的子集,K 是类的个数。如果在一次划分后,样本 D 被分成了 m 个部分 $D_1, D_2, \cdots, D_m$,那么这个划分的基尼系数为

$$\text{Gini}_{\text{split}}(D) = \frac{|D_1|}{|D|}\text{Gini}(D_1) + \frac{|D_2|}{|D|}\text{Gini}(D_2) + \cdots + \frac{|D_m|}{|D|}\text{Gini}(D_m)$$

$$\tag{5-6}$$

通过计算基尼系数的值,可以对所有特征的重要性进行排序。数值越大,说明该特性越重要。此外,对于随机森林中的每一棵决策树,为了便于整体知识归纳,本书仍然采用后剪枝策略对树的整体结构进行控制。

与决策树相比,随机森林算法能够有效避免局部最优和过度拟合的问题,对维度的共线性不敏感,同时具备更高的精度,这使其成为一种功能强大的分类算法。本书尝试利用决策树以及随机森林等算法,选择影响晋升的一些因素构建分类模型,该模型能够判别同时满足哪些特征的员工可以获得晋升,之后进行建模并测试精度,最终归纳并概括出大型企业中员工的晋升模式。

5.1.4 其他分类算法

除决策树和随机森林两种以树形结构为基础的分类算法外,本书还尝试加入其他分类算法与其进行精度对比,从而提升研究的严谨性,主要包括常用的支持向量机(SVM)和人工神经网络(ANN)算法。

支持向量机是一种解决二分类问题的算法,其既适用于离散型数据,也适用于连续型数据,一般更适用于小样本数据,经过算法的不断演进,支持向量机也可以支持多元分类。该算法通过训练能够自动选择具有较强区分能力的分类向量,并将这些向量映射到一个更高维的空间,由此建立具有最大间隔的超平面对数据进行分类。

以二维空间为例,如果这里有两类数据需要进行分类,我们希望在所有数据点中找到一条直线,使其可以将两类数据区分开。这样的直线可能有很多,但哪条直线是最优的呢?我们希望用于分类的直线不仅能将两类数据分开,还能离两类数据尽量远,即决策边界具有最大的间隔,这样再有新数据进来也不至于越过边界出错,这能够更好地将数据进行分类,如图 5-3 所示。

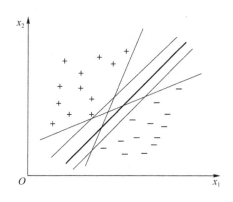

图 5-3 支持向量机

支持向量机算法的目标就是要建立一个超平面,且不同类的数据点到超平面的距离最远,也就是希望找到最大间隔超平面。然而,对于线性不可分的数据集,我们无法找到一个超平面进行分类,所以需要把它映射到一个更高维的空间使它变得线性可分,这就要用到核函数来进行高维映射。在实际的分类问题中,支持向量机算法通过灵活地选择不同核函数生成不同的非线性决策边界,以保证在处理多种多样的问题时都可以有较为出色的表现。

人工神经网络是在现代神经科学研究成果的基础上,通过模拟人类的神经系统对信息进行加工、记忆和处理的方式,设计出的一种具有人脑风格的信息处理系统。人脑是自人类诞生以来,经过漫长岁月进化后的结果,是具有高度智能化的复杂系统,它的一个显著特点是不必采用复杂的数据计算和逻辑运算,却能灵活处理各种复杂的、不精确的和模糊的信息,并善于理解语言和图像,具有直觉、感知、识别、学习、联想、记忆、推理等智能化的能力。人脑的信息处理机制极其复杂,从结构上看它是包含100多亿个神经细胞的大规模网络。单个神经细胞的工作速度并不快,但人脑通过对神经细胞的超并行处理使得整个系统实现高速度信息处理和多样化信息呈现形式。因此,科研工作者从信息处理的角度对人脑进行研究,并由此研制出一种像人脑一样能够"思维"的智能化数据处理模式,这就是人工神经网络出现的原因,也是人工智能领域一直追求的目标。目前广为流行的ChatGPT也是以人工神经网络算法为基础进行智能化计算的,未来这种智能化的产品和模式将会取代很多传统的职业场景,并创造出新的商业模式,培育新的行为习惯,带来新一轮的数字化产业变革。

人工神经网络一般对连续型目标值进行分类和预测,其由多个看似简单的处理神经元组成了多输入单输出的非线性、自适应、自组织的系统,如图5-4所示。

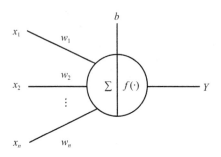

图5-4 神经元数学模型

这里每个神经元都可以抽象为一个简单的、多输入单输出的非线性信息处理模型。其数学表达式为

$$Y = f\left(\sum_{i=1}^{n} w_i x_i + b\right) = f(\boldsymbol{W} \cdot \boldsymbol{X} + b) \tag{5-7}$$

其中：$X_1,X_2,\cdots,X_n$ 是神经元的输入，即来自 n 个神经元的轴突信息；b 是 i 神经元的阈值；$W_1,W_2,\cdots,W_n$ 分别是神经元对 $X_1,X_2,\cdots,X_n$ 的权系数；Y 是神经元的输出；$f(\cdot)$ 是活化函数，它决定神经元受到输入 $X_1,X_2,\cdots,X_n$ 的共同刺激达到阈值时以何种方式输出。如图 5-5、图 5-6、图 5-7 所示，活化函数有多种形式，其中常见的有阶跃、线性和 S 形三种形式，对于晋升模型，本书选择非线性的 S 形活化函数进行输出。

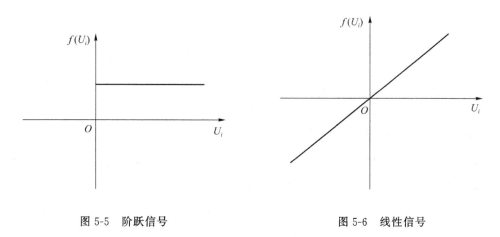

图 5-5　阶跃信号　　　　　　　　　图 5-6　线性信号

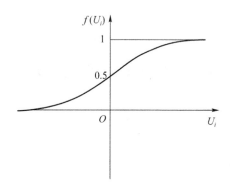

图 5-7　S 形信号

本书利用人工神经网络中的 BP 算法进行建模，BP 算法可以解决多层前向神经网络的权系数优化问题。该算法首先构建一个网络，如图 5-8 所示，不同网络的结构可以是不同的，但是都会含有输入层、输出层以及处于输入层与输出层之间的隐藏层，在隐藏层中的神经元也称隐单元。

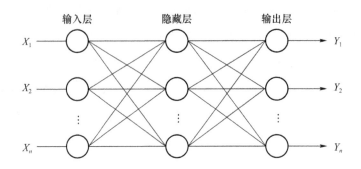

图 5-8 人工神经网络结构

在人工神经网络中需要预估各神经元之间的权系数以及各神经元阈值,之后通过数据的正向传播计算并输出一个预测值,这时基于预测值和真实目标值的误差,再反向传播,通过训练来修正权系数和神经元阈值的误差。通过不断地进行数据输入,迭代运算过程,从而不断地修正权系数和阈值,最终训练形成一个网络,其输出的预测结果能够处在一个精度可控的范围内。整体来说数据在输入层输入,通过中间隐藏层的训练处理后,在输出层输出预测值。隐藏层可以是一层,也可以是多层,每一层有多个节点。本书在建立人工神经网络模型时,为了提高其精度,对隐藏层的层数和隐藏层内节点的选取都进行了测试对比分析,以便找到最优的隐藏层结构。

5.2 员工晋升模式分析

5.2.1 数据的选择

在第 4 章中,本书已经通过回归模型找到了一些影响员工晋升的因素。以此为基础,这里仍然选用这些因素进行晋升模式的归纳。需要注意的是,职位晋升具有较为明显的阶梯性特点,如员工需要先从科级晋升为副处级,副处级中再有一部分员工晋升为正处级,之后正处级中再有一部分员工晋升为副厅级;或者需要先从一个基础管理岗位晋升到中层管理岗位,再从中层管理岗位晋升到高层管理岗位,很少有跨越级别的晋升,所以这里不能直接将分类模型的目标维度设为多个维度值,如正科、副处、正处、副厅,取而代之的是需要分别进行三次分类模型的构建,即从正科到副处、从副处到正处、从正处到副厅。所以,本书首先研究科级管理者向处级管理者的晋升模式。在构建分类模型时,将第 4 章实证研究的性别、初始学历、最终学历、是否在入职前获得最终学历、年龄、晋升前岗位任职年限、年龄是否大于 45 岁等维度作为输入维度,将是否晋升到副处级岗位作为输出维度(目标维度)。维度的赋值方式与第 4 章相同。

由于未晋升人员远多于晋升人员,所以为了保持目标维度中维度值的相对均衡,本部分仍然采用 K-means 聚类的方式进行数据规约,将未晋升的数据聚成几个类,使类内相似度最高,类之间相似度最低,然后从每一类中按一定比例随机选取。这里需要注意的是,作为输入的维度也需要相对平均,如性别维度中的男性和女性两个维度值,如果过于不平均也会影响分类效果。最终选择 5 546 组数据,数据描述如表 5-1 所示。

表 5-1 数据描述(正科级晋升为副处级)

变量类型	维度名称	维度符号	维度类型	数据量	维度值(占比/均值)
输出	是否晋升	Pro	离散	5 546	0(56.3%),1(43.7%)
输入	关系资源	Poli	连续	5 546	0~6.2(avg:1.24)
	性别	Sex	离散	5 546	0(56.4%),1(43.6%)
	年龄	Age	连续	5 546	23~60(avg:44.7)
	年龄大于 45 岁	Age>45	离散	5 546	0(68.8%),1(31.2%)
	晋升前岗位任职年限	Tenure	连续	5 546	2~16(avg:7.28)
	最终学历	Edu	离散	5 546	0(35.8%),1(41.4%),2(22.8%)
	初始学历	Edu1	离散	5 546	0(36.4%),1(43.3%),2(20.3%)
	是否在入职前获得最终学历	Edubef	离散	5 546	0(66.2%),1(33.8%)

5.2.2 分类结果的精度对比

由于数据样本中各维度值既有连续值,又有离散值,所以本书选择一些离散值和连续值均可使用的分类算法进行建模,分别选择 C4.5 决策树、C5.0 决策树、随机森林、支持向量机以及人工神经网络算法进行对比分析,并将决策树与随机森林的分类节点中最小样本阈值控制为50,即若小于50个数据值就将其剪枝。此外,由于第4章主要运用了Logistic回归模型,所以此处将Logistic回归也纳入分类模型与其他分类方法进行对比分析。

为了提升研究的客观性,本书分别随机选取样本总量的25%、50%、75%以及100%进行分类模型构建,并将分类的结果进行精度校验。

这里需要强调的是,分类算法是典型的有教师监督的学习过程。所谓的教师是指已知类别信息的示例数据。在学习过程中,一般将数据集分为训练数据集和测试数据集两部分。训练数据集一般负责训练分类模型,使其能够完成分类操作,以决策树为例,这里通过训练数据集进行节点选择判定,最终生成一棵能够归纳晋升模式的决策树。测试数据集则负责检查训练好的分类模型是否能达到所需的分类精度,即将测试数据集中的数据带入训练好的模型中,通过模型得到其分类结果,再与真实的结果进行对比,从而判断分类模型的精度。一般来说,有教师监督的学习过程包括以下三个步骤:

① 根据训练数据集,建立和训练分类模型;
② 利用测试数据集,检查分类模型的精度;
③ 在实际数据中应用分类模型,并根据实际结果调整模型。

需要特别说明的是,训练数据集和测试数据集都是已知的数据,即包括输入和输出的历史数据。我们在训练数据集中通过历史的输入数据和输出数据共同训练模型,在测试数据集中将输入数据带入模型得到预测输出,与真实的输出数据进行对比,即可判断模型精度。

这里将每次选择的数据的70%进行模型训练,剩余30%进行精度校验,得到表5-2。

表5-2 分类模型精度对比(正科级晋升为副处级)

样本量	算法					
	Logistic回归	C4.5决策树	C5.0决策树	RF	SVM	ANN
25%的总样本量	81.4%	81.8%	82.4%	88.5%	84.2%	78.6%
50%的总样本量	81.2%	78.6%	82.8%	91.2%	86.6%	80.5%
75%的总样本量	83.5%	82.7%	84.5%	92.4%	84.6%	78.2%
100%的总样本量	82.9%	81.6%	85.4%	93.7%	83.5%	77.4%
平均精度	82.3%	81.2%	83.8%	91.5%	84.7%	78.7%

注:结果保留一位小数,后同。

从表 5-2 可以看出,整体来说,6 种算法的平均精度均达到了 78% 以上,构建了较为准确的分类模型,其中分类模型的准确性由高到低分别为 RF、SVM、C5.0 决策树、Logistic 回归、C4.5 决策树、ANN,其中 RF 的平均精度为 91.5%,远高于其他分类模型。由此本书认为,对于构建目标维度为离散型数据,且其余的输入维度既有离散型又有连续型数据的晋升模型,随机森林算法为准确性最高的算法之一,而人工神经网络算法对于目标维度为离散型的数据,整体效果相对较差。

这里,将最为精准的通过随机森林算法得到的分类结果带入 100% 的数据样本中,计算得到的混淆矩阵如表 5-3 所示。

表 5-3　通过随机森林算法得到的分类结果的混淆矩阵(正科级晋升为副处级)

职位晋升	预测值为 0	预测值为 1
真实值为 0	2 925	197
真实值为 1	148	2 276

表 5-3 再一次更为直观地印证:通过随机森林算法得到的分类结果对晋升为副处级和未晋升为副处级的预测整体来说均较为准确。

之后,继续构建从副处级晋升为正处级的分类模型,其与正科级晋升为副处级的分类模型较为相似,由于维度的不平均,为保持目标维度以及其他维度中的维度值的相对均衡,此处对未晋升数据继续采用 K-means 聚类的方式进行数据规约,并在聚类后的每一组数据中按比例随机选取,最终选取 1 242 组数据。数据描述如表 5-4 所示。

表 5-4　数据描述(副处级晋升为正处级)

变量类型	维度名称	维度符号	维度类型	数据量	维度值(占比/均值)
输出	是否晋升	Pro	离散	1 242	0(56.6%),1(43.4%)
输入	关系资源	Poli	连续	1 242	0~6.2(avg:1.35)
	性别	Sex	离散	1 242	0(58.7%),1(41.3%)
	年龄	Age	连续	1 242	37~60(avg:50.4)
	年龄大于 50 岁	Age>50	离散	1 242	0(65.2%),1(34.8%)
	晋升前岗位任职年限	Tenure	连续	1 242	2~15(avg:6.24)
	最终学历	Edu	离散	1 242	0(32.4%),1(43.2%),2(24.4%)
	初始学历	Edu1	离散	1 242	0(38.3%),1(42.3%),2(19.4%)
	是否在入职前获得最终学历	Edubef	离散	1 242	0(62.8%),1(37.2%)

之后,再次随机选取样本总量的 25%、50%、75% 以及 100% 进行不同的分类模型构建,其中决策树与随机森林的分类节点中最小样本阈值控制为 20。在操作中将每次选择的数据的 70% 进行模型训练,剩余 30% 进行精度校验,得到表 5-5。

表 5-5 分类模型精度对比(副处级晋升为正处级)

样本量	算法					
	Logistic 回归	C4.5 决策树	C5.0 决策树	RF	SVM	ANN
25% 的总样本量	82.5%	80.5%	83.7%	88.7%	85.6%	76.4%
50% 的总样本量	83.7%	81.2%	83.2%	92.5%	86.8%	80.1%
75% 的总样本量	82.2%	77.9%	84.6%	93.2%	86.2%	79.8%
100% 的总样本量	82.1%	82.3%	84.2%	94.5%	84.8%	79.4%
平均精度	82.6%	80.5%	83.9%	92.2%	85.9%	78.9%

从表 5-5 可以看出,在副处级晋升为正处级的数据中,分类模型的结果仍然是随机森林算法最准确,精度可达到 92.2%。同样地,人工神经网络算法的精度较低,仅为 78.9%。这与正科级晋升为副处级的算法精度的对比结果较为一致。

这里仍然将通过随机森林算法得到的分类结果带入 100% 的数据样本中,计算得到的混淆矩阵如表 5-6 所示。

表 5-6 通过随机森林算法得到的分类结果的混淆矩阵(副处级晋升为正处级)

职位晋升	预测值为 0	预测值为 1
真实值为 0	663	40
真实值为 1	30	509

由表 5-6 所示的混淆矩阵可以看出,通过随机森林算法得到的分类结果对于晋升为正处级和未晋升为正处级的预测整体来说均较为准确。

正处级向副厅级晋升的分类模型,整体数据量较少,这可能会导致分类结果不准确,本书依然沿用上述方法对数据进行精度校验。首先是数据的选择,经过数据规约处理,并过滤掉一些非典型晋升数据,如外部调入等,得到典型的企业内正处级向副厅级晋升的数据样本 224 条,其中晋升为副厅级的数据样本为 95 条。值得注意的是,由于样本数据总量较少,即使经过按比例的选择处理,仍然会出现维度值不平均的情况,如性别等维度。数据描述如表 5-7 所示。

表 5-7 数据描述(正处级晋升为副厅级)

变量类型	维度名称	维度符号	维度类型	数据量	维度值(占比/均值)
输出	是否晋升	Pro	离散	224	0(57.6%),1(42.4%)
输入	关系资源	Poli	连续	224	0~5.6(avg:1.66)
	性别	Sex	离散	224	0(86.7%),1(13.3%)
	年龄	Age	连续	224	37~60(avg:52.2)
	年龄大于55岁	Age>55	离散	224	0(42.4%),1(57.6%)
	晋升前岗位任职年限	Tenure	连续	224	2~15(avg:8.66)
	最终学历	Edu	离散	224	0(31.1%),1(33.2%),2(35.7%)
	初始学历	Edu1	离散	224	0(35.4%),1(37.1%),2(27.5%)
	是否在入职前获得最终学历	Edubef	离散	224	0(51.8%),1(48.2%)

由于整体数据样本量较少,本次精度校验不再随机选取部分样本进行分类模型构建,直接选取100%的数据,并将决策树与随机森林的分类节点中最小样本阈值控制为5。在操作中仍然将数据的70%进行模型训练,剩余30%进行精度校验,得到表5-8。

表 5-8 分类模型精度对比(正处级晋升为副厅级)

算法	Logistic 回归	C4.5 决策树	C5.0 决策树	RF	SVM	ANN
精度	83.3%	84.5%	85.8%	92.5%	90.6%	81.6%

从表5-8可以看出,在正处级向副厅级晋升的数据中,分类模型的结果依旧是随机森林算法最为准确,精度可达到92.5%,支持向量机算法的精度在小数据样本中有一个相对显著的提升,为90.6%。人工神经网络算法的精度依旧相对较低,为81.6%。这与之前的算法精度的对比结果一致。

这里仍然将通过随机森林算法得到的分类结果表示为混淆矩阵,如表5-9所示。

表 5-9 通过随机森林算法得到的分类结果的混淆矩阵(正处级晋升为副厅级)

职位晋升	预测值为 0	预测值为 1
真实值为 0	119	10
真实值为 1	7	88

由混淆矩阵可以看出,在正处级向副厅级的晋升过程中,随机森林算法对晋升以及未晋升人员的预测均较为准确。

5.2.3 晋升模式分析

在上一小节中,本书对三组不同级别晋升过程的数据进行了不同分类模型的构建,尽管数据样本和数据特征均有不同,但是随机森林算法在每个级别的晋升数据上的显示精度均是最高的,其分类结果要优于其他的分类模型。所以这里以随机森林算法的分类结果为准对我国大型企业的晋升模式进行分析。

在正科级向副处级晋升的数据中,随机森林算法的精度为 91.5%。分类结果显示能够晋升为正处级管理者的主要模式(特征)为

$(Pro>2.4)$ and $(Sex=0)$ and $(Edu=1)$ and $(Age>38)$ and $[(Age>45)=0]$

或

$(Pro>1.2)$ and $(Edu=2)$ and $(Edu1=2)$ and $(Age>35)$ and $[(Age>45)=0]$

或

$(Pro>1.8)$ and $(Sex=0)$ and $(Edu=2)$ and $(Tenure>6)$ and $[(Age>45)=0]$

通过该分类结果可以看出,如果想要晋升为副处级,那么员工需要首先满足年龄小于 45 岁这一条件,除此之外,有以下三类晋升模式(特征):

第一类,关系资源大于 2.4 的男性,同时最终学历为硕士研究生且年龄大于 38 岁;

第二类,关系资源大于 1.2,最终学历为博士研究生或重点大学硕士研究生,初始学历为重点大学本科,同时年龄大于 35 岁;

第三类,关系资源大于 1.8 的男性,最终学历为博士研究生或重点大学硕士研究生,且科级岗位任职年限大于 6 年。

由上述分类结果可以看出,在我国大型企业中想要晋升为副处级或相应级别的管理者,关系资源、学历、年龄、性别等因素都较为重要,其中:①如果关系资源较高,学历可以相对低一点;②如果初始学历和最终学历都非常好,关系资源可以相对低一点;③在初始学历和最终学历均较好的情况下,晋升的年龄也会相对较小,性别门槛也会降低;④如果只是最终学历较好,那么仍然会有性别要求以及相对高

一些的关系资源要求;⑤年龄和晋升前岗位任职年限在小于一个固定阈值的前提下,均需大于某值才会晋升,可见在科级晋升为副处级的过程中,需要积累一定的年资和经验。

在副处级向正处级晋升的数据中,随机森林算法的精度为92.2%。分类结果显示能够晋升为正处级管理者的主要模式(特征)为

(Pro>1.8) and (Sex=0) and (Edu=1) and (Age>43) and (Tenure>5) and [(Age>50)=0]

或

(Pro>0.4) and (Edu=2) and (Edu1=2) and (Age>38) and (Tenure>2) and [(Age>50)=0]

或

(Pro>1.2) and (Sex=0) and (Edu=2) and (Age>40) and (Tenure>4) and [(Age>50)=0]

通过该分类结果可以看出,如果想要晋升为正处级,那么员工需要满足年龄小于50岁这一条件,除此之外,有以下三类晋升模式(特征):

第一类,关系资源大于1.8的男性,同时最终学历为硕士研究生,年龄大于43岁,且副处级岗位任职年限大于5年;

第二类,关系资源大于0.4,最终学历为博士研究生或重点大学硕士研究生,初始学历为重点大学本科,同时年龄大于38岁,且副处级岗位任职年限大于2年;

第三类,关系资源大于1.2的男性,最终学历为博士研究生或重点大学硕士研究生,年龄大于40岁且副处级岗位任职年限大于4年。

由上述分类结果可以看出,在我国大型企业中想要晋升为正处级或相应级别的管理者,关系资源、学历、年龄、性别、晋升前岗位任职年限等因素都较为重要,与科级晋升为副处级类似,其中:①如果关系资源较高,学历可以相对低一点;②如果初始学历和最终学历都非常好,关系资源可以相对低一点;③在初始学历和最终学历均较好的情况下,晋升的年龄会相对较小,晋升前岗位任职年限也会相对少,同时性别门槛也会降低;④如果只是最终学历较好,那么仍然会有性别要求以及相对高一些的关系资源要求;⑤年龄和晋升前岗位任职年限在小于一个固定阈值的前提下,均需大于某值才会晋升,可见在副处级晋升为正处级的过程中,仍然需要积

累一定的年资和经验。

在正处级向副厅级晋升的数据中,随机森林算法的精度为92.5%。分类结果显示能够晋升为副厅级管理者的主要模式(特征)为

(Pro>1.6) and (Sex=0) and (Edu=1) and (Age<53) and (Tenure>6)

或

(Pro>1) and (Sex=0) and (Edu=2) and (Edu1=2) and (Age<50) and (Tenure>4)

通过该分类结果可以看出,如果想要晋升为副厅级,那么员工需要满足以下两类晋升模式(特征):

第一类,关系资源大于1.6的男性,同时最终学历为硕士研究生,年龄小于53岁,且正处级岗位任职年限大于6年;

第二类,关系资源大于1的男性,最终学历为博士研究生或重点大学硕士研究生,初始学历为重点大学本科,年龄小于50岁且正处级岗位任职年限大于4年。

由上述分类结果可以看出,在我国大型企业中想要晋升为副厅级或相应级别的管理者,关系资源、学历、年龄、性别、晋升前岗位任职年限等因素都较为重要,其中:①如果关系资源较高,学历可以相对低一点;②如果初始学历和最终学历都非常好,关系资源可以相对低一点,晋升年龄会更小,且晋升前岗位任职年限也会少一些;③无论其他条件如何,在晋升为厅级或相应级别的管理者的性别对比中,男性始终占据优势;④年龄小于某一个阈值的正处级管理者更容易获得晋升,这说明越年轻,在晋升为厅级管理者时越有优势,同时,与其他层级晋升类似,晋升前岗位任职年限仍然需要超过某个阈值才可能获得晋升。

5.3 本章小结

本章主要基于数据挖掘中的分类模型对我国大型企业员工的晋升模式进行了分析和归纳。首先本章介绍了分类方法在职位晋升中的应用,并阐述了决策树、随机森林、支持向量机与人工神经网络等分类算法的运算原理。可以发现,如果只想要得到不同因素的变化对晋升的影响,那么通过Logistic回归分析即可实现;如果

需要概括出具体的晋升模式,则需要用到数据挖掘中的分类方法。本章基于大型企业的人力资源数据,对员工的职位晋升进行了分类模型的构建。同时,本章将 Logistic 回归模型与其他分类模型进行了精度对比,找出了精度最高的模型,并以该模型概括了企业管理层晋升模式,以晋升模式为基础进一步验证了第 4 章的一些结论。

在模型构建前,以第 4 章分析的影响晋升的因素作为输入维度,而将是否晋升作为输出维度进行建模。确定维度后,分别选择了从正科级到副处级的晋升、从副处级到正处级的晋升以及从正处级到副厅级的晋升三个数据集,每个数据集都通过 K-means 聚类以及每类按比例随机选取的方法进行处理,从而得到了维度值相对较为均衡的数据。在此数据的基础上,分别运用随机森林、C4.5 决策树、C5.0 决策树、支持向量机、人工神经网络等分类算法,并加入 Logistic 回归模型进行对比。为了提升研究的客观性,对于数据量较大的样本,本书分别随机选取样本总量的 25%、50%、75% 以及 100% 进行分类模型构建,将每次选择的数据总量中的 70% 进行模型训练,剩余 30% 进行精度校验。同时,为了防止过度拟合并提升结构的整洁性,对于决策树和随机森林在建模时都进行了剪枝处理。

本书通过精度对比分析发现,如果要进行知识概括和归纳,在目标维度为离散型,输入维度既有离散型又有连续型的晋升数据中,随机森林是精度最高的分类算法,其混淆矩阵也呈现出较好的分类状态。此外,决策树、支持向量机、Logistic 回归也均可以使用,而对于小数据样本,支持向量机算法也是一个不错的选择。但是,对于目标维度为离散型的二分类数据,人工神经网络算法的精度相对较低,其更适用于目标维度为连续型的数据。

由精度的对比结果,最终以随机森林的分类模型结果为准,对晋升模式进行归纳和总结,得到以下结论。

在晋升过程中,由关系资源、学历、性别、年龄、晋升前岗位任职年限构造的分类模型能够较为精确地对晋升模式进行归纳,说明这些非业绩因素对晋升确实起到了较为重要的作用,这也与第 4 章的结论相似。

在各层级的晋升中,关系资源均起到了一定的作用,同时初始学历和最终学历越好,晋升对关系资源的依赖度就会越低;而在学历一般的情况下,晋升对关系资源的要求就会体现出来。这说明高学历带来的高人力资本是企业较为重视的,甚至抵消了一些关系资源的作用,这恰恰印证了人才已经成为企业的重要生产力。

在学历较好的情况下,在正科级晋升为副处级以及副处级晋升为正处级时,管理者的年龄会相对较小,晋升前岗位任职年限也会相对较少,同时性别门槛也会降低,这说明学历作为一种有效的人力资本,在晋升中可以降低一些人口学特征带来的负效用。但是在正处级晋升为副厅级时,好的学历虽然可以降低晋升年龄,但性别门槛则无法逾越,这说明性别差异带来的"晋升天花板"效应在越高的层级中越明显。

在厅级以下的晋升中,只要年龄小于某个阈值,管理者的年龄越大、晋升前岗位任职年限越长越容易获得晋升,而在晋升为厅级干部时,管理者的年龄越小,则越容易获得晋升。该结论再次印证了第 4 章得到的大型企业员工晋升的一个特点,即管理者年轻化的政策在不同的职位层级被差异化执行,这会导致一些人才在晋升的过程中由于年龄问题被"一刀切"的局面出现,从而降低职位晋升对员工的激励效用。

第6章 大型企业中的晋升激励与企业收益

由第 4 章和第 5 章得到的结论可以看到,非业绩因素在显著影响着大型企业中员工的晋升。那么这样的晋升特点是否会导致员工产生不公平感呢？是否会影响其业绩的产出？更进一步,除了一般员工,这种不公平感是否也会影响获得晋升的员工？这是一个十分有价值的问题,获得晋升的员工会走向企业中更为重要的岗位,如果其认为自己的晋升并不是靠业绩,而是靠个人的存量人力资本等原因获得的,那么其在这个更为重要的岗位上可能仍然会觉得这些存量人力资本可以帮助其继续晋升,而不是努力工作创造业绩。所以如果获得晋升的员工在新晋岗位上的工作激励受到影响,会给企业带来较大的经营损失,降低企业人力资源配置。基于此,本章将重点研究企业的晋升公平对晋升后员工的激励,研究企业的晋升机制,并分析员工是否能感受到企业会同时存在因人而异的两种不同的晋升机制,由此进行企业中委托人和代理人的博弈分析,并研究不同晋升机制下的员工激励与企业收益。

6.1 晋升的公平与激励

6.1.1 晋升中的公平性问题

之前研究的结论证实晋升中的非业绩因素主要包括一些关系资源以及能够体现人力资本的人口学特征。关系资源在企业中普遍被认为是一种较为重要的晋升筹码[117]。同时，高人力资本的员工具备较高的才能，如果其获得了诸如晋升等组织承诺，他们会以高水平的绩效产出回报组织[37]，所以就企业本身而言，也更倾向于晋升高人力资本员工。此外，为了降低对员工工作能力的甄别成本，企业也会考虑将一些容易识别的存量人力资本作为晋升评判的依据。

然而，因非业绩因素而获得的晋升，对于企业中的员工而言会产生一定的不公平感。有研究显示，员工会对自己与他人的晋升因素进行对比，并且认为业绩是晋升的一个重要标尺，如果存在其他因素影响晋升，那么晋升就会被认为是有失公平性[149]的。所以在企业中，如果一些非业绩因素对职位晋升产生了较为显著的影响，则会引起员工的不公平感，这种不公平感最终会影响对员工的激励，从而影响整个企业的产出。

Vroom 于 1964 年提出期望理论，该理论认为人们只有在预期通过努力可以达到某种目标时才会被激励，从而努力去达到目标[61]。所以企业的晋升机制如果以业绩为主，那么员工会认为是相对公平的，因为业绩是员工可以"期待"和"预估"的，换句话说，是员工可以通过努力实现的。员工可以通过自身的不断努力去学习工作技能和技巧，拓宽视野和增加知识储备，从而提升业绩并获得晋升。所以，按业绩因素的晋升更容易产生激励效用。

相对于业绩而言，一些非业绩因素本身是无形的，如人力资本等因素，这种"无形性"对一些员工来说是无法通过努力工作得到的。如果男性比女性更容易获得晋升，那么会导致女性员工丧失努力工作的动力；如果高学历员工比低学历员工更容易获得晋升，那么低学历员工会认为自己再怎么努力工作也会存在发展瓶颈；如果一个员工因为资历老而获得晋升，那么年轻的员工会认为努力工作不如熬资历；如果员工因为自身的关系资源而获得晋升，那么没有关系资源的大部分员工就会认为努力工作不如关系有用。诸如此类，都会使员工产生不公平感，最终对员工工作动力产生负效用，甚至会出现员工离职的情况，从而影响企业整体的产出以及长期的发展。

这里可以看出，从企业的视角来说，为了长期的高质量发展，企业会预测高人力资本的员工在更高的位置上为企业带来更多的回报，所以会倾向于晋升高人力资本的员工，并通过学历等因素度量员工的存量资本。同时，部分企业为了减少对员工工作水平的甄别成本，也会出现一些基于存量资本的度量方式。但是从员工的视角来说,这种没有依据业绩成果的晋升缺乏说服力,是不公平的,即由于存量资本的不同使员工在"晋升比赛"中没有站在同一起跑线上,从而员工会产生一定的职业不安全感。所以,晋升不公平的问题从某种程度上说也是由双方的视角不同引发的。

企业内部晋升的公平性主要体现在结果公平、程序公平以及互动公平上。学者 Adams 提出了结果公平,该理论认为员工会选定参照对象与其获得的结果进行相对的比较[18]。所以在晋升中,如果因非业绩因素而获得的晋升结果被员工通过业绩的标尺来进行比较,就会产生不公平感。学者 Thibaut 和 Walker 提出的程序公平认为,制度执行在程序上应保证一视同仁[142]。如果在晋升过程中出现了不透明的情况,如与制度程序不符的破格提拔,基于关系资源的提拔等,都会被员工认为是不公平的。学者 Bies 和 Moag 提出了互动公平的概念,认为在制度或程序的执行时,员工需要感受到真诚的互动,并能够得到清晰、合理的解释[146]。所以在晋升的过程中,也需要将晋升的原因依照制度对员工进行必要的解释和说明,如果员工认为存在一些灰色地带,则会增加其不公平感。所以,学者 Lemons 和 Jones 提出,在企业的内部晋升中,能够体现出的公平性越强,员工的归属感和满意度也就越高[153]。

6.1.2 晋升激励与绩效产出

在晋升后,如果晋升的结果如员工所预期的一样,即业绩最好的员工得到了升职,员工就会感受到公平性并受到激励,他们会愿意积极地工作,将晋升者当作榜样,努力提升自身的工作绩效水平,争取个人的职位晋升,并将个人的发展与组织的发展相结合[159]。许多研究都证实了组织公平与绩效之间存在相关性[162-164],员工感受到的公平感越强则工作产出越高。

然而,激励理论认为,激励机制有违公平感则会降低激励效果。如果员工认为业绩因素应该是衡量晋升的重要标准,但是诸如个人关系资源或人口学特征等非业绩因素却在实际的晋升中起到了显著作用,那么员工会认为晋升结果缺乏公平性,这会使员工认为努力工作是徒劳的,最终影响员工的绩效或产出水平,从而导致企业整体收益下降。

这里可以看出晋升激励是非常重要的,晋升的结果会对员工的工作行为产生显著的影响。本书认为,晋升的结果除了对一般员工会产生不同的激励效用,对于获得晋升的员工同样也会产生不同的激励效用。而由于激励效用的不同,获得晋升的员工在更高的位置上对企业会产生更大的影响。

如果晋升机制以业绩因素为主,那么获得晋升的员工会认为其努力的工作得到了回报,在更高的位置上,该员工为了谋求继续晋升等个人发展,会仍然想要通过努力工作来获得相应的回报,这与激励理论是相符的。然而,如果晋升机制以非业绩因素为主,那么获得晋升的员工会认为使其晋升的非业绩因素在下一次晋升中仍然会起到作用,所以晋升会降低对员工工作的激励效用。如果员工因为学历等人力资本获得晋升,那么在新晋岗位上,该员工会认为其学历仍然会对之后的晋升起到作用,因为学历等存量资本并不会因为其努力或不努力工作而产生变化。如果员工因为关系资源获得晋升,那么在新晋岗位上该员工可能会继续巩固其关系资源而不努力工作。所以晋升公平感对员工激励的影响,应该是具有一定普适性的,这不仅针对未晋升的员工,同样也适用于已经获得晋升的员工。

这里以某大型企业的数据来进行简单的验证。本书以该企业地市分公司的"一把手"数据进行分析,其地市分公司的"一把手"按级别应为正处级,而相比于其他岗位,该企业的地市分公司是以经营产出为主的单位,经营业绩可以作为"一把手"的主要考核方式,所以这里以员工新晋升为"一把手"后该地市分公司连续两年的平均年度经营收入增长率来度量其晋升后的工作状态。考虑到各地市的市场环境以及经济水平的不同会影响其业绩,所以这里选取该企业经营业绩较好的浙江、江苏、山东、广东、河南、福建、上海、天津、北京、湖南、湖北、四川、安徽13个省(市)中的较为有代表性的一些地市(区县),选择了这些地市(区县)的288位分公司的"一把手"。同时为了方便表示,这里可以对数据进行一定处理,根据数据分布,并参考该企业历年经营数据,本书以10%为界限,如果晋升为"一把手"后两年的年度平均增长率高于10%,赋值为1,即产出较高,说明其工作较为努力,反之赋值为0,即产出较低,说明其工作相对较为懈怠。

在288位"一把手"中,晋升前相对具有较高的最终学历、较高的初始学历、较长年资、关系资源相对较高的员工有136名,基于第4章和第5章的结论,这里认为这些员工在晋升中非业绩因素起到了较大作用;相反地,152名员工在晋升前学历一般、年资较短、关系资源较低,由于这些员工没有人力资本和关系资源优势,所以认为在其晋升中业绩因素占主要作用。本书将简单的数据统计结果绘制成图6-1。

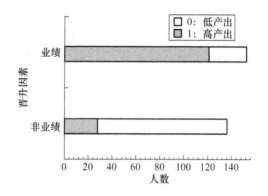

图6-1 晋升后产出对比图

由图6-1可以看出,在由非业绩因素晋升为地市分公司"一把手"的136人中,低产出人数为108人,高产出人数为28人,低产出人数占比为79.4%,为大多数;在由业绩因素晋升为地市分公司"一把手"的152人中,低产出人数为32人,高产出人数为120人,高产出人数占比为78.9%,为大多数。这些数据可以从侧面印证:通过业绩因素晋升的员工整体上比通过非业绩因素晋升的员工在晋升后的新岗位上工作更努力。所以,晋升的公平与否产生的不同激励效用不仅会影响一般员工,也会影响获得晋升的员工。

6.2 大型企业的晋升机制与收益

6.2.1 晋升中的委托代理问题

在企业中,根据委托代理理论,可以将企业的决策层当作委托人,委托人可以决定员工是否获得晋升;同时可以将员工当作企业工作的代理人,本书中可以理解为晋升候选人。委托代理理论采用了古典经济学中有关参与人的假设,即理性人假设,这里假设每个参与者都会在给定的约束条件下争取自身利益的最大化,同时由于信息不对称性的存在,代理人在追求自身利益时会出现偏离委托人利益最大化目标的行为,即双方的目标会出现偏差。在晋升过程中,委托人想要晋升能力最强、发展潜力最大的员工,并希望这些员工可以在新岗位上实现较好的业绩,从而增加企业的整体收益;而众多代理人则可能会想要通过最小的付出获得晋升,并且在晋升到新岗位后继续通过最小的努力获得晋升,从而享有更多的资源配置权,获得自身最大的收益,这与委托人的目标是不一致的。所以这时,委托人就需要增加额外的激励成本对代理人目标进行纠偏,如提升薪资来增加员工的积极程度。同时,委托人需要付出成本对代理人的工作进行观测和评价,以此晋升合适的员工。

在晋升过程中,委托人在对员工的观测和评价时会出现两个问题。

第一,一般来说,委托人会倾向于以员工的绩效作为度量值进行评价,从而晋升绩效水平高的员工,但是绩效指标不断地被员工完成后,会产生"棘轮效应",即如果委托人以员工之前的绩效来对员工进行评定,那么当员工能不断地、有效地完成工作时,委托人设定的业绩标准也会不断向上提升,从而导致员工的工作积极性下降,最终降低业绩产出[8]。Lazear 和 Rosen 提出的晋升锦标赛理论可以解决此类问题,即委托人通过员工之间的相对业绩的比较来进行评价[9]。但是,相对业绩的评价又会引发晋升锦标赛[10],晋升锦标赛促使员工为了晋升而做出不符合企业长期发展的短期业绩行为,从而损害企业利益。

第二,由于信息不对称的存在,加之单纯的业绩评价会引发晋升锦标赛,所以客观地评价一个员工是否优秀变得并不十分容易,需要付出相应的成本。但是委托人为了减少成本,可能会出现一些基于现有的、可度量的资本的评价方式。即在晋升机制中会出现一些度量晋升候选人工作和能力的不客观的方式,从而导致晋升了并不合适的员工并降低了晋升公平性。由于员工的努力程度不容易进行度量,且员工的能力也不容易进行度量[76],所以这就会导致出现利用一些基于人口学特征或关系资源等因素去代替衡量员工的努力和能力的行为,这也与前几章人力资本理论中阐述的企业中的晋升倾向相符。这些行为虽然降低了企业对员工的晋升甄别成本,但是这种晋升不公平会导致员工降低绩效水平,且晋升后的员工也会在更重要的岗位上降低绩效水平,从而降低企业的收益。

6.2.2 大型企业的双晋升机制

一般来说,由于企业经营业绩的要求,企业会鼓励员工积极工作并由此提升绩效的产出,所以从晋升机制上来说企业自然会有以工作表现或业绩产出为主要因素的晋升。对于以经营为主的岗位,绩效产出是其对员工考核的主要方式;对于非经营类的岗位,工作表现和工作能力是其晋升的主要参考。由上节内容可知,经营岗位的业绩晋升会产生一些诸如晋升锦标赛和"棘轮效应"的问题,而非经营岗位员工的工作能力和工作水平却又难以准确度量,加之人力资本对企业倾向的一些影响,企业可能会以一些看似不公平的因素来决定晋升。

本书认为在我国大型企业的晋升机制中存在两个问题。

第一,我国许多大型企业的业务较为多元化,其内部的部门和工作岗位也具有多样化的特点。同时,大型企业的任务和目标并不局限于企业营收,大型企业还有其他一些社会性职能,即我们常说的企业责任。这在一定程度上导致业绩的重要性被削弱,加之企业也会从降低晋升甄别成本和高人力资本员工的长远发展考虑,最终使晋升的度量和标准较为复杂。

第二,我国许多大型企业的人才晋升目前不是通过一个完备的、客观的、既有的标准来决定的。这就会导致晋升存在一定的主观性和随意性,会出现每次晋升的标准因人而异、因岗而异的情况,甚至出现基于决策层内个人偏好而设立晋升标准的内生性问题。

基于这两个问题,本书虽然在之前的章节证实了非业绩因素对晋升的影响,但仍然认为我国大型企业中并不是只有一个固定的晋升机制,如固定地以业绩因素晋升,或固定地以非业绩因素晋升,而是两类主要的晋升机制同时存在,即以员工产出和工作表现等业绩因素为主,其他因素为辅的晋升机制;或以学历、年龄、性别、晋升前岗位任职年限、关系资源等非业绩因素为主,其他业绩因素为辅的晋升机制。对于不同的员工,在不同的情况下企业决策者可能会采用不同的晋升机制。企业的双晋升机制员工是可以感受得到的,所以这种标准的不统一会对员工产生不同的激励效用,最终影响企业的整体收益。因此,本书做如下假设。

H6-1:在我国大型企业内部的诸多岗位中,都会同时存在着以业绩因素为主和以非业绩因素为主的两种晋升机制,并且员工可以感受到两种晋升机制的同时存在。

由于该假设不易通过建模验证,所以为了论证该假设,作者进行了大量的企业内走访调研,以合作咨询的形式在某大型企业内部进行访谈调研,并通过该企业的人才测评中心,以问卷形式调研了大量不同分公司、不同岗位的员工,即不同岗位的员工是否均强烈认为企业内存在以业绩为主和以非业绩为主的两种晋升机制,双晋升机制问卷调查见附录2。

将有效问卷进行收集和整理后,本书以多层模糊综合评价的方式进行分析。首先,对于一个业务多元化的大型企业,本书要分析其不同岗位是否都存在这种双晋升机制。所以,围绕被调研企业的多元化业务,参照企业人才测评中心专家建议,本书将其岗位划分为具有通识性的四类,即内部综合管理类、业务经营类、科技支撑类、营销与策划类,如图 6-2 所示。

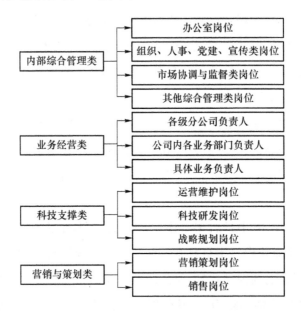

图 6-2 企业岗位架构图

将四类岗位再次细化为二级岗位,内部综合管理类岗位包括办公室岗位,组织、人事、党建、宣传类岗位,市场协调与监督类岗位,以及诸如财务、后勤等其他综合管理类岗位;业务经营类岗位包括金融保险、快递物流、电子商务等具体业务岗位,涉及 31 个省分公司以及下属地市、区县分公司,岗位具体分为各级分公司负责人岗位,公司内诸如金融业务部、电子商务局、快递物流部等具体业务部门的负责人岗位,以及业务部门内的各个具体业务负责人岗位;科技支撑类岗位包括企业的科技研发岗位、战略规划岗位、信息技术和硬件设备支撑等运营维护岗位;营销与策划类岗位包括各省、地市、区县分公司内的营销策划岗位以及线下具体执行营销策划方案的销售岗位等。

在划分不同岗位后,需要根据不同岗位的晋升情况建立相应的员工对于晋升机制的认知度,以找出对企业整体晋升机制的评价。基于多层模糊综合评价法,现可以设定具体指标如下。

① 内部综合管理类 U_1,包括办公室岗位 U_{11},组织、人事、党建、宣传类岗位 U_{12},市场协调与监督类岗位 U_{13},其他综合管理类岗位 U_{14}。

② 业务经营类 U_2,包括各级分公司负责人 U_{21},公司内各业务部门负责人 U_{22},具体业务负责人 U_{23}。

③ 科技支撑类 U_3,包括运营维护岗位 U_{31},科技研发岗位 U_{32},战略规划岗位 U_{33}。

④ 营销与策划类 U_4,包括营销策划岗位 U_{41},销售岗位 U_{42}。

现可建立评价指标集合,评价指标的集合论域为 $U=\{U_1,U_2,U_3,U_4\}$,$U_i=\{1,2,3,4\}$ 为评价指标体系准则层的第 i 个指标;$U=\{U_{i1},U_{i2},\cdots,U_{ij}\}$ 为准则层的第 i 个指标下的第 j 个指标。

根据调研内容:是否认为你的岗位同时存在以业绩为主和以非业绩为主的两种晋升机制,建立评语集 $V=\{v_1(十分赞同),v_2(较为赞同),v_3(一般),v_4(未感受到两种机制)\}$,$v_i=\{1,2,3,4\}$ 表示第 i 个评价等级。

在权重分配中可以设 U_i 及 U_{ij}:U_i 对 U 的权重为 a_i,准则层各指标的权重分配集为 $A=\{a_1,a_2,\cdots,a_i\}$。U_{ij} 对 U 的权重为 a_{ij},子准则层各指标的权重分配集为 $A_i=\{a_{i1},a_{i2},\cdots,a_{ij}\}$。

按照评语集中的评价等级,设计问卷让各岗位人员进行选择,回收有效问卷 360 份,每一岗位回收 30 份,将每一岗位员工选择不同评价等级的百分比作为 U_{ij} 对评语集 V 的隶属度,从而得到评价模糊矩阵:

$$\boldsymbol{R}_i = \begin{bmatrix} r_{i11} & r_{i12} & r_{i13} & r_{i14} \\ r_{i21} & r_{i22} & r_{i23} & r_{i24} \\ \vdots & \vdots & \vdots & \vdots \\ r_{ij1} & r_{ij2} & r_{ij3} & r_{ij4} \end{bmatrix} \tag{6-1}$$

二级模糊综合评价为

$$B_i = A_i \odot R_i = (a_{i1}, a_{i2}, \cdots, a_{ij}) \odot \begin{bmatrix} r_{i11} & r_{i12} & r_{i13} & r_{i14} \\ r_{i21} & r_{i22} & r_{i23} & r_{i24} \\ \vdots & \vdots & \vdots & \vdots \\ r_{ij1} & r_{ij2} & r_{ij3} & r_{ij4} \end{bmatrix} = (b_{i1}, b_{i2}, \cdots, b_{ij})$$

其中"$\odot$"为模糊矩阵合成的模糊算子,这里采用主因素突出法进行模糊运算,得到的结果需要进一步做归一化处理。B_i 即为 U_i 对 V 的隶属向量。

在一级模糊评价中,评价模糊矩阵为 $R = (B_1, B_2, \cdots, B_i)^T$,可得到 $B = A \odot R$(B 做归一化处理),B 为 U 对 V 的隶属向量,即为总的评价结果[244]。

之后,咨询该企业人才测评中心的业务专家得到相关建议,可以确定各类岗位的权重指标,即权重分配集 A 和 A_i:

$$A = (0.14, 0.38, 0.07, 0.41)$$

$$A_1 = (0.23, 0.32, 0.42, 0.03)$$

$$A_2 = (0.32, 0.26, 0.42)$$

$$A_3 = (0.12, 0.14, 0.74)$$

$$A_4 = (0.38, 0.62)$$

依照每一岗位 30 名员工选择不同评价等级的百分比,可以得到模糊评价矩阵:

$$R_1 = \begin{bmatrix} 0.2 & 0.3 & 0.4 & 0.1 \\ 0.1 & 0.4 & 0.3 & 0.2 \\ 0.4 & 0.4 & 0.1 & 0.1 \\ 0.2 & 0.2 & 0.4 & 0.2 \end{bmatrix} \quad (6\text{-}2)$$

$$R_2 = \begin{bmatrix} 0.3 & 0.4 & 0.2 & 0.1 \\ 0.4 & 0.3 & 0.2 & 0.1 \\ 0.3 & 0.3 & 0.2 & 0.2 \end{bmatrix} \quad (6\text{-}3)$$

$$R_3 = \begin{bmatrix} 0.2 & 0.3 & 0.3 & 0.2 \\ 0.3 & 0.3 & 0.2 & 0.2 \\ 0.4 & 0.3 & 0.2 & 0.1 \end{bmatrix} \quad (6\text{-}4)$$

$$R_4 = \begin{bmatrix} 0.5 & 0.2 & 0.2 & 0.1 \\ 0.3 & 0.3 & 0.2 & 0.2 \end{bmatrix} \quad (6\text{-}5)$$

参考图 6-2,R_1、R_2、R_3、R_4 分别为内部综合管理类岗位、业务经营类岗位、科技支撑类岗位、营销与策划类岗位中员工对晋升机制认知度的模糊评价矩阵。

$B_1 = A_1 \odot R_1 = (0.4, 0.4, 0.3, 0.2)$，进行归一化处理得到新的 $B_1 = (0.31, 0.31, 0.23, 0.15)$；

$B_2 = A_2 \odot R_2 = (0.3, 0.32, 0.2, 0.2)$，进行归一化处理得到新的 $B_2 = (0.29, 0.31, 0.20, 0.20)$；

$B_3 = A_3 \odot R_3 = (0.4, 0.3, 0.2, 0.14)$，进行归一化处理得到新的 $B_3 = (0.38, 0.29, 0.19, 0.14)$；

$B_4 = A_4 \odot R_4 = (0.38, 0.3, 0.2, 0.2)$，进行归一化处理得到新的 $B_4 = (0.39, 0.31, 0.20, 0.20)$。

所以，可以得到

$$R = \begin{bmatrix} B_1 \\ B_2 \\ B_3 \\ B_4 \end{bmatrix} = \begin{bmatrix} 0.31 & 0.31 & 0.23 & 0.15 \\ 0.29 & 0.31 & 0.20 & 0.20 \\ 0.38 & 0.29 & 0.19 & 0.14 \\ 0.39 & 0.31 & 0.20 & 0.20 \end{bmatrix}$$

之后有

$$B = A \odot R = (0.14, 0.38, 0.07, 0.41) \odot \begin{bmatrix} 0.31 & 0.31 & 0.23 & 0.15 \\ 0.29 & 0.31 & 0.20 & 0.20 \\ 0.38 & 0.29 & 0.19 & 0.14 \\ 0.39 & 0.31 & 0.20 & 0.20 \end{bmatrix}$$

所以 $B = (0.39, 0.31, 0.20, 0.20)$，进行归一化处理后得到新的 $B = (0.36, 0.28, 0.18, 0.18)$。

可以看到，按照最大隶属度原则，在该岗位分类体系下，企业内各岗位员工对于"职位晋升中同时存在两种晋升机制"属于"非常赞同"的等级，为 0.36，所以不同岗位职责的各岗位员工都可以感受到企业内同时存在以业绩因素为主和以非业绩因素为主的两种晋升机制，H6-1 成立。晋升标准的不统一也会导致员工的公平感下降，从而影响员工的工作状态和绩效产出，最终导致企业整体收益下降。

6.2.3 基于企业收益的一种晋升博弈分析

根据委托代理理论，委托人需要对代理人的工作进行甄别，由此选择优秀的代理人进行晋升,从而使企业收益最大化。但是为了降低甄别成本以及受其他一些因素的影响,会出现由非业绩因素主导的晋升,这会降低员工的公平感,同时由6.2.2的结论可知,企业内两种晋升机制的同时存在,员工会将非业绩因素为主的晋升与业绩因素为主的晋升进行对比,这种对比会增强员工的不公平感,从而进一步降低激励水平,导致员工降低产出或离职。

由6.1.2的研究可知,晋升的公平感对员工激励的影响,这不仅针对未获得晋升的员工,同样也适用于获得晋升的员工。那么员工在晋升到更为重要的岗位后,如果激励不到位,则会导致其降低产出,这对于企业的整体收益影响是较大的。

那么在晋升后,由于激励水平的不同以及信息不对称的存在,委托人期望的产出最大化与晋升后的代理人的工作状态之间就会存在偏差。为了提升晋升后的代理人的积极性,委托人需要通过薪资福利等手段刺激代理人努力工作,从而提升企业的业绩水平。那么委托人应该提供什么样的薪资水平才会使企业收益最大呢?由于企业内同时存在两种不同的晋升机制,不同的机制会为代理人带来不同的激励效用,从而会使代理人产生不同的绩效水平,所以本书认为对于晋升后的代理人,并不是薪资越高越好,高薪资在多种激励状态下并不一定会完全转化为高业绩,所以这里提出如下假设。

H6-2:不同的晋升机制会带来不同的激励效用,从而使员工为企业产出不同的绩效 A 和 B,要使企业的整体收益达到最优,企业为晋升后的员工提供的薪资福利应与绩效 A 和 B 的差额成正比。

传统的晋升博弈研究大部分都是以晋升候选人之间的博弈为主,如双方的晋升锦标赛,而本书则将博弈双方定位为决策层与被晋升者之间的博弈。此外,大部分的博弈都是以业绩决定晋升这一线性关系为基础进行的不同情况分析,而本书则引入了非业绩因素的晋升对被晋升者的激励。事实上,非业绩因素的晋升对公平、激励和产出都存在较大影响,所以其具备较大的研究价值。

本书仍然以传统博弈研究中的委托代理模型为基础对上述假设进行论证。本书中的委托人为企业决策者[245],代理人为被晋升的员工,委托人和代理人均为风险中性的理性人。企业决策者存在两个晋升策略空间,即企业内同时存在的两种晋升机制,分别为综合地、合理地考察员工的业绩情况、努力程度、工作状态,并以此为主进行晋升的甄别,这里设为 Y,或者以存量人力资本条件下的人口学特征、关系资源等非业绩因素为主要甄别依据来决定晋升,设为 N。被晋升者在晋升前也有两种不同的策略空间:努力工作或不努力工作,这里分别设为 S 和 T。除此之外:

相对于较为简单的 N 型晋升甄别策略,Y 型晋升甄别策略需要企业额外付出一定的甄别成本,这里设为 h;

被晋升者在晋升后所获得的整体薪资福利为 w,且 $w>h$;

被晋升者在晋升前相对于策略 T,采用努力工作的 S 型策略所付出的所有努力成本设为 g,此外,对于理性人来说,如果努力成本比其晋升后的福利大,则没有意义,所以这里设 $w>g$;

受到正激励的员工在新晋升的岗位上会产出较高的绩效,设为 v_1,若企业能够正常运转,该绩效需要大于企业给其的薪资福利,即 $v_1>w$;

没有受到正激励的员工在新晋岗位上会产生相对低的绩效,设为 v_2,则 $v_2<v_1$。

这里假设被晋升者具有一定的人力资本或关系资源。

若决策者采用 Y 进行甄别,而被晋升者工作状态为 T,则其不会被晋升,所获得的晋升效用为 0;企业损失了一些甄别成本,获得的收益为 $-h$。

若决策者采用 Y 进行甄别,而被晋升者工作状态为 S,则被晋升者所获得的晋升效用为 $w-g$;又因为 Y 型甄别对被晋升者有正激励效用,其在新晋岗位上会创造出 v_1 的绩效,所以企业获得的收益为 v_1-w-h。

若决策者采用 N 进行甄别,而被晋升者工作状态为 T,由于被晋升者凭借其人力资本或关系资源也会获得晋升,并且其没有付出相应的努力 g,所以被晋升者所获得的晋升效用为 w;而由于被晋升者没有获得正激励,其在新晋岗位上创造的绩效为 v_2,同时企业也没有损失甄别成本 h,所以企业获得的收益为 v_2-w。

若决策者采用 N 进行甄别,而被晋升者工作状态为 S,则被晋升者所获得的晋升效用为 $w-g$;这里的一个特殊情况是,被晋升者由于自身相对努力,这时有可能会认为自己完全是通过努力得到的晋升,而并没有想到其中的人力资本等因素起到了作用,所以在新晋岗位上仍然会创造出 v_1 的收益,则企业获得的收益为 v_1-w。

博弈矩阵如表 6-1 所示。

表 6-1 博弈矩阵

	Y	N
T	$0, -h$	w, v_2-w
S	$w-g, v_1-w-h$	$w-g, v_1-w$

当 $v_2-w \geqslant -h$ 即 $v_2 \geqslant w-h$ 时,问题可以表示为如表 6-2 所示的博弈矩阵,其中存在纯策略纳什(Nash)均衡解:(w, v_2-w)。

表 6-2 Nash 均衡的博弈矩阵

	Y	N
T	$0, -h$	$\underline{w}, v_2-w$
S	$\underline{w-g}, v_1-w-h$	$w-g, \underline{v_1-w}$

然而,有一种常见的情况是,在没有正激励的情况下,v_2 会非常小,此时出现 $v_2 < w-h$,如表 6-3 所示的博弈矩阵。

表 6-3 无 Nash 均衡解的博弈矩阵

	Y	N
T	$0, \underline{-h}$	$\underline{w}, v_2-w$
S	$\underline{w-g}, v_1-w-h$	$w-g, \underline{v_1-w}$

由表 6-3 可以看到,这里没有 Nash 均衡解,所以需要研究混合策略的 Nash 均衡。设被晋升者采用 T 策略的概率为 x,则采用 S 策略的概率为 $1-x$,企业决策者采用 Y 型策略的概率为 y,则采用 N 型策略的概率为 $1-y$。

企业的期望盈利为

$$\mu_1(\sigma_1, \sigma_2) = y(-xh + (1-x)(v_1-w-h)) + \\ (1-y)[x(v_2-w) + (1-x)(v_1-w)] \quad (6-6)$$

根据 Nash 均衡的定义,在给定被晋升者的混合策略 $(x, 1-x)$ 的条件下,寻求 y 的值,使 $\mu_1(\sigma_1, \sigma_2)$ 达到最大,所以在式(6-6)中,对 y 求偏导,并令其为 0。可以求得 $x = h/(w-v_2)$。

同理被晋升者的期望盈利为

$$\mu_2(\sigma_1, \sigma_2) = x[0 \cdot y + w(1-y)] + (1-x)[(w-g)y + (w-g)(1-y)]$$

$$(6-7)$$

根据 Nash 均衡的定义,在给定企业决策者的混合策略 $(y, 1-y)$ 的条件下,寻求 x 的值,使 $\mu_2(\sigma_1, \sigma_2)$ 达到最大,所以在式(6-7)中,对 x 求偏导,并令其为 0。可以求得 $y = g/w$。

所以该晋升问题的混合策略 Nash 均衡解为

$$[h/(w-v_2), 1-h/(w-v_2)], (g/w, 1-g/w) \qquad (6-8)$$

将其带入企业的期望盈利中,有

$$\mu_1(\sigma_1^*, \sigma_2^*) = h(v_2-v_1)/(w-v_2) + v_1 - w \qquad (6-9)$$

一般来说,v_1、v_2 及 h 均为相对固定的值,而企业给予晋升者的整体薪资福利为变量,这里对 w 求偏导,并令 $\mu_1(\sigma_1, \sigma_2) = 0$,可求得

$$(w-v_2)^2 = h(v_1-v_2) \qquad (6-10)$$

即 $w = \sqrt{h(v_1-v_2)} + v_2$ ① 或 $w = v_2 - \sqrt{h(v_1-v_2)}$ ②。

由②有 $v_2 = w + \sqrt{h(v_1-v_2)} > w - h$,这与上述混合策略 Nash 均衡解的条件 $v_2 < w - h$ 矛盾,所以,企业要想达到收益最大化,其给予晋升者的薪资福利应为 $w = \sqrt{h(v_1-v_2)} + v_2$。即企业提供的薪资福利应与企业对员工工作的甄别成本、与两种晋升激励状态下员工绩效产出的差额成正比,并与员工创造的最小绩效相关。所以假设 H6-2 成立。

6.3 本章小结

本章首先分析了晋升中的公平性问题。在我国大型企业中非业绩因素对晋升存在显著影响,由于一些诸如人力资本的存量资本等非业绩因素无法通过努力工作实现,员工会认为此类基于非业绩因素的晋升存在不公平性,这种不公平感会降低对员工的激励程度,从而影响员工的绩效产出,最终导致企业整体收益受损。

相反地,以业绩或工作能力为主要考核依据的晋升能够使员工获得较强的公平感并产生较大的激励效用,提升其绩效产出水平。本书提出:晋升公平除了对一般员工会产生不同的激励效用,对获得晋升的员工同样也会产生不同的激励效用。之后本书通过对某大型企业中的部分晋升为地市分公司"一把手"的员工数据进行分析,发现通过人力资本或关系资源等非业绩因素获得晋升的员工在新岗位上整

体产出较低,而通过工作业绩获得晋升的员工则产出较高。

本章进一步阐述了晋升中的委托代理问题。委托人在观测代理人工作水平时,如果以业绩度量其工作表现则会出现"棘轮效应"或"晋升锦标赛"等问题;如果为了降低观测成本而以一些存量资本度量代理人水平,则不公平性会降低对员工的激励效用。之后,基于我国大型企业任务多元化以及晋升标准不完善等原因,本书认为在我国大型企业内部的诸多岗位中,都会同时存在以业绩因素为主和以非业绩因素为主的两种晋升机制,并且员工可以感受到两种晋升机制的同时存在。本章基于对某大型企业内不同岗位的问卷调查数据,通过多层模糊综合评价的方法对此进行了论证。

本章以不同的晋升机制会对晋升后的员工在新岗位上产生不同的激励效用为基础,创新地提出了一种基于晋升的委托代理博弈,分析了晋升候选人选择不同工作状态,委托人选择不同晋升机制时,晋升作为一种激励手段,对委托人和代理人产生的福利效益,并计算得到企业获得最大收益的条件。即企业提供的薪资福利应与企业对员工工作的甄别成本、与两种晋升激励状态下员工绩效产出的差额成正比,并与员工创造的最小绩效相关。

第7章　结论与展望

7.1　主要研究结论

本书通过理论分析和数据实证,得到如下结论。

(1) 在我国大型企业中,存在着多种晋升形式,如职位晋升、专业技术职务或职称晋升、虚职晋升、福利待遇晋升等,不同的晋升形式所获得的权利以及承担的义务均不相同。本书基于内容激励理论,区别于传统的回归模型,将数据通过灰色关联度的方法进行分析,最终得到:对于企业员工来说,职位晋升是我国大型企业中最重要的晋升形式,员工也会因此获得更多的激励和满足感。

(2) 对于影响大型企业员工的职位晋升因素,本书认为一些非业绩因素会起到较为显著的作用。第一,在我国大型企业的转型升级中,企业在追求经济效益的同时,还承担着一系列的社会性目标;且许多大型企业具有行政性和经济性的双重属性,这些构成了企业的复杂性,导致晋升不会单纯地以业绩为依据。第二,单纯地以业绩为晋升标准,会出现"晋升锦标赛"等问题,从而导致晋升候选人做出一些"形象工程""区域内保护"以及"过度投资"的行为,这与企业的长期利益相违背。第三,基于人力资本理论,员工的知识、技能、经验、潜力等要素对于企业的发展是非常重要的。即员工的能力作为一种"资本"可以提升企业的产出和竞争力,企业基于长期发展的目标会考虑给予高人力资本的员工更多的组织承诺。同时,基于高阶理论,管理者的个性化特质会对企业的发展产生影响,所以企业会考虑晋升候选人的一些个性化特质在更高的职位上能否对企业产生相应的作用。从而,一些可以代表人力资本以及员工个性化特质的人口特征变量就会对晋升比较重要。第四,关系资源对晋升也会产生一定的影响。第五,在晋升时,企业决策者为了降低甄别员工能力水平的成本,也会考虑将一些容易度量的存量人力资本作为晋升的依据。综上,可以得到:员工的受教育程度、年龄、晋升前岗位任职年限、性别、关系资源等非业绩因素在职位晋升中会起到较为显著的作用。

本书基于企业的人力资源数据进行实证,运用 K-means 聚类等数据处理方法选择分析样本,并基于 Logistic 回归模型进行分析,得到如下结论。

① 在我国大型企业内部各层级的晋升中,男性员工总是比女性员工更容易获得职位晋升,晋升中的性别差异以及女性的"晋升天花板"仍然存在,这会影响对女性员工的工作激励。企业在建立晋升机制时,面对和解决"性别公平"的问题任重道远。

② 在我国大型企业内部各层级的晋升中,员工的初始学历和最终学历越高,越容易获得职位晋升,这与人力资本理论相一致。此外,在晋升到副处级以及正处级等中层管理者的层面,最终学历在入职前获得比在入职后获得的员工更容易获得晋升。在晋升到厅局级管理者等更高级别管理者的层面,最终学历是否为入职前获得并没有显著影响。所以受教育程度对员工的晋升会起到较为显著的作用,一方面,高学历代表着高人力资本,从长远发展考虑企业认为其具有更大的潜力;另一方面,这种晋升形式会降低对相对低学历员工的工作激励,并会出现员工在职提升学历而导致工作绩效降低的问题。

③ 在我国大型企业内部各层级的晋升中,相对于男性员工,受教育水平对女性员工的职位晋升更为重要,即女性员工的晋升标准要高于男性员工,所以女性员工在晋升中会出现一些负效用,而高学历似乎可以补偿女性员工晋升的一些负效用,这恰恰也是"性别公平"需要解决的一个问题。

④ 在我国大型企业内部,在员工晋升为企业中层管理者的过程中,员工年龄与职位晋升正相关,直到年龄超过某个与人事管理政策文件中规定相近的阈值后,才会出现反作用。但是在晋升为企业高层管理者时,年龄与晋升则会直接呈负相关。这说明管理人员年轻化的政策在不同层级被差异化执行:在相对低级别的岗位中,仍然存在较为明显的"论资排辈"现象,即资历、阅历在晋升中占据重要的位置;但是在高层级的领导岗位晋升中,却又直接地强调了"年轻化"的重要性,这会

导致一些在初期晋升较慢的员工在向高层晋升时由于年龄因素被"一刀切",从而降低对员工的激励程度。

⑤ 在我国大型企业内部各层级的晋升中,晋升前岗位任职年限越长的员工越容易获得职位晋升,这可能与我国现行的企业人事管理政策中在原岗位必须满足一定工作年限的要求相关,同时,任职年限也会体现出一定的资历、阅历以及人力资本的积累,是晋升中重点考虑的因素之一。所以,在员工年龄符合"年轻化"要求的前提下,晋升前岗位任职年限越长对晋升越有利。上一结论中的"年轻化"与这一结论中的"岗位任职年限长"看似有一些矛盾,这也说明了晋升机制的设计需要进行更为全面的考虑。

⑥ 在我国大型企业内部各层级的晋升中,员工的关系资源越强则越容易获得职位晋升,这会促使员工产生"努力工作"不如"多拉关系"的感受,这对员工的激励可能会产生一定的负效用。此外,相对于高学历员工,关系资源对低学历员工在职位晋升中的作用更为明显,这可能是由于高学历员工本身就具备较强的人力资本,其更容易获得企业的重视,并获得晋升等组织承诺。所以,高学历抵消了一些关系资源的作用,这也能从侧面说明受教育程度对于晋升的重要性。

(3) 本书基于数据挖掘中的分类模型,对我国大型企业员工具体的晋升模式进行了分析和概括。

从技术上说,得到如下结论。

基于晋升模式概括和归纳的目的,在输出维度为离散型,输入维度既有离散型又有连续型的晋升数据中,随机森林是精度最高的算法,其混淆矩阵也呈现出较好的分类状态。此外,决策树、支持向量机、Logistic 回归也均可以使用,而对于小数据样本,支持向量机算法是一个不错的选择。但是,对于输出维度为二分类的数据,人工神经网络算法的精度相对较低,其更适用于输出维度为连续型的数据。

从晋升特征上说,通过对不同维度的数据赋值以及数据挖掘建模分析,归纳得到如下结论。

如果想要晋升为副处级,那么员工需要首先满足年龄小于 45 岁这一阈值,除此之外,有三类晋升特征:第一类,关系资源大于 2.4 的男性,同时最终学历为硕士研究生且年龄大于 38 岁;第二类,关系资源大于 1.2,最终学历为博士研究生或重点大学硕士研究生,初始学历为重点大学本科,同时年龄大于 35 岁;第三类,关系资源大于1.8的男性,最终学历为博士研究生或重点大学硕士研究生,且科级岗位任职年限大于6年。

如果想要晋升为正处级,那么员工需要首先满足年龄小于50岁这一阈值,除此之外,有三类晋升特征:第一类,关系资源大于1.8的男性,同时最终学历为硕士研究生,年龄大于43岁,且副处级岗位任职年限大于5年;第二类,关系资源大于0.4,最终学历为博士研究生或重点大学硕士研究生,初始学历为重点大学本科,同时年龄大于38岁,且副处级岗位任职年限大于2年;第三类,关系资源大于1.2的男性,最终学历为博士研究生或重点大学硕士研究生,年龄大于40岁且副处级岗位任职年限大于4年。

如果想要晋升为副厅级,那么需要满足两类晋升特征:第一类,关系资源大于1.6的男性,同时最终学历为硕士研究生,年龄小于53岁,且正处级岗位任职年限大于6年;第二类,关系资源大于1的男性,最终学历为博士研究生或重点大学硕士研究生,初始学历为重点大学本科,年龄小于50岁且正处级岗位任职年限大于4年。

综上,在各层级的晋升中,关系资源均起到了一定的作用,同时初始学历和最终学历越高,晋升对于关系资源的依赖就会越弱;而在学历一般的情况下,晋升对关系资源的要求就会体现出来。此外,在各层级晋升中进行对比,从正科级到副处级晋升中关系资源的作用是最强的,这说明决策层对该层级的晋升影响是较为直接的。

同时,在学历较好的情况下,正科级晋升为副处级以及副处级晋升为正处级的员工会相对年轻、晋升前岗位任职年限也会相对较少,同时性别门槛也会降低,这说明学历作为一种有效的人力资本,在晋升中可以降低一些人口学特征带来的负效用。但是在正处级晋升为副厅级时,学历虽然可以降低晋升年龄,但性别门槛则无法逾越,这说明性别的"晋升天花板"效应在越高的层级中越明显。

最后,在厅级以下的晋升中,只要小于某个年龄阈值,员工的年龄越大、晋升前岗位任职年限越长越容易获得晋升,而到了厅级干部的晋升时,则年龄越小越容易获得晋升。该结论再次印证了大型企业的一个特点,即管理者年轻化的政策在不同的职位层级被差异化执行。

(4) 基于非业绩因素的晋升,会使员工产生较强的不公平感,这种不公平感会降低对员工的激励程度,从而影响员工的绩效产出,最终导致企业整体收益受损。相反地,以业绩或工作能力为主要考核依据的晋升能够使员工获得较高的公平感并产生较大的激励效用，提升其绩效产出水平。本书发现，晋升公平除了对一般员工会产生不同的激励效用，对于获得晋升的员工同样也会产生不同的激励效用。即通过非业绩因素获得晋升的员工在新岗位上的工作努力程度不如通过业绩因素获得晋升的员工。

此外，我国大型企业中并不是只有一个固定的晋升标准，如固定地以业绩因素晋升或固定地以非业绩因素晋升，而是两种主要的晋升机制同时存在，即以员工产出和工作表现等业绩因素为主，其他因素为辅的晋升机制；以及以学历、年龄、性别等人口学特征或关系资源等非业绩因素为主，业绩因素为辅的晋升机制。对于不同的员工，在不同的情况下可能会采用不同的晋升机制，即晋升标准会因人而异。企业同时存在两种晋升机制员工是可以感受得到的，所以这种标准的不统一会对员工产生不同的激励效用，甚至员工会将这两种不同的晋升机制进行对比，进而加大不公平感，最终影响企业的整体收益。

两种晋升机制的同时存在是由以下三个因素造成的。第一，我国大型企业业务的多元化以及内部岗位的多样化，加之企业的任务和目标并不局限于企业营收，还包括国家赋予的其他一些社会性职能，这使得业绩的重要性被削弱。第二，企业也会从降低晋升甄别成本和高人力资本员工的长远发展考虑晋升的度量方式。第三，我国许多大型企业的人才晋升目前不是通过一个完备的、客观的、既有的标准来决定的。这就会导致晋升存在一定的主观性和随意性，会出现每次晋升的标准因人而异、因岗而异的情况，并出现基于决策层内个人偏好而设立晋升标准的内生性问题。

最后，基于委托代理的博弈分析，本书得到企业在两种晋升机制共存的情况下，若想获得最大收益，企业为晋升后员工提供的薪资福利并不是越高越好，因为不同的晋升机制会产生不同的激励效用，所以企业提供的薪资福利应与企业对员工工作的甄别成本、与两种晋升激励状态下员工绩效产出的差额成正比，并与员工创造的最小绩效相关。

7.2 政策建议

基于本书的研究结论，现提出如下建议。

(1) 在晋升政策中降低非业绩因素带来的负效用。以非业绩因素为主导的晋升会导致员工产生不公平感,从而降低激励效用。企业需要通过更为明确的政策去降低非业绩因素带来的负效用。

① 破除唯学历、唯资历的思想,通过政策弱化其在晋升时的作用,如不强制在职位晋升条件或岗位任职条件中规定特定的学历和年资,降低其在晋升打分评价时的占比,使学历和资历作为评估职业能力和发展潜力的辅助因素而不是决定因素。同时,企业在给予高学历员工一些诸如职位晋升等高组织承诺时,需要设定相应的、可量化的工作绩效要求,从而达到更好的激励效用。

② 在大型企业的总部和各省、地市、区县分公司实现"管理人员年轻化"政策的无差异化执行。杜绝在低层级晋升中年龄与晋升正相关,高层级晋升中年龄与晋升负相关的情况,此类情况会导致在低层级晋升较慢的员工在向高层级晋升时被"一刀切",从而由于年龄问题降低对其的工作激励。同时,需要增加"管理人员年轻化"政策的柔性,各层级都不能强制性地通过年龄限制去阻碍员工的发展,一些能力强、业务精的员工不能完全因为年龄问题而失去晋升路径。

③ 降低性别因素在晋升中的作用。可以看到的是,与直接的同工不同酬相比,晋升中的性别区分显得更加隐蔽并难以规制。而女性的"晋升天花板"问题会显著地降低对女性员工的工作激励。所以在企业内部,首先需要通过政策的规定消除不利于女性晋升的因素,如有差别的退休年龄等;其次,要通过政策积极鼓励和支持企业对女性员工的专用性投资,从而提升其人力资本,如在职学历提升以及在职的专业培训等,使其具备更强的能力,以此为女性员工创造更好的晋升条件和机会;最后,可以考虑基于不同层级员工的性别构成按比例晋升女性员工,提高女性员工在管理层职位的整体占比,并对晋升出现的性别歧视进行内部监管和法律规制。

④ 通过更为客观的晋升政策实现有效的程序执行监督,降低员工个人的关系资源对晋升的影响。在晋升时,除晋升候选人与委托人的亲属关系外,可以更为细化地考虑一些亲缘关系回避,如与委托人的秘书关系、明显的同乡关系和校友关系等,从而进一步排除晋升时的关系效应。同时,在企业内部应设立专门机构对晋升程序的执行过程进行监督和管理,对关系资源可能产生的影响进行事前监管和事后追责,最终从结果公平和程序公平的角度提升晋升的公平性。

（2）在晋升政策中规避业绩因素产生的问题。在以业绩为主导的晋升中，会出现"晋升锦标赛"带来的短期业绩工程、内部恶性竞争等一系列问题，企业需要进一步规范锦标赛的规则，在员工的业绩考核中实施短期业绩与长期业绩相结合的评价标准，不能以短期业绩的相对排序作为绝对的衡量指标，要以长远的眼光培育业务发展潜力，并设立相应的基于长期发展的绩效指标，如提高技术性的创新能力建设、增强合作性的基础设施建设、推进发展性的企业资源建设等，使其在晋升中占有一定的评价权重，从而防止出现只顾眼前业绩导致的阻碍企业发展的现象。但是相对于短期业绩，长期业绩的指标较难量化，企业需要在实践中不断去思考和设计。

（3）设立更为客观和全面的晋升政策。国有企业存在业务多元化、目标多样化的特点，内部不同的岗位需设定不同的晋升标准，对于业务经营职责、普遍服务等社会性职责、内部组织管理职责需分开来看，基于其职责目标设定相应的考核机制；并通过更为全面的指标建设、多渠道的数据采集达到工作业绩可量化的目的，从而更为客观地评价员工的工作水平。这可以避免一些基于决策层的主观经验做出的晋升，并改善基于关系资源、决策者个人偏好、员工人口学特征等因素的晋升，最终降低双晋升机制同时存在带来的影响，从而增加晋升公平感，提升对员工的激励效用。

（4）加强员工意见在晋升中的作用。由于决策者与员工之间信息不对称的存在，加之企业内部决策层存在较强的行政话语权，所以这会导致决策层在评估晋升人员工作水平和能力时会出现一定偏差，从而降低企业的人力资源配置。在大型企业的内部晋升中，可以通过强化基层员工的意见发表来降低对晋升人员评估的偏差，即需要持续强化民主测评在晋升中的权重，并设定相应的政策，如线上的匿名制，加之正确的道德引导，促使大家说真话、说实话，从而杜绝晋升时的"一言堂"现象，这可以提升员工的公平感并降低信息不对称带来的风险问题，实现对晋升人员更为全面的评价。

（5）构建基于岗位的胜任力模型。基于不同岗位能力要求，结合员工体现出的能力水平、业绩产出、专业技术、职业操守、学习能力、发展潜力等，设立相应的数据指标并构建岗位的胜任力模型，同时基于岗位的晋升层级使模型的评估具备层次性、渐进性。这里以员工的数据指标为输入，通过胜任力模型进行输出评价，对员工进行更为合理的、全方位的评价,通过评价可以进行职位胜任力的匹配分析,了解员工的能力与岗位的差距,做出更为合理的晋升决定。员工数据指标的建设以及数据的共享和存储可以有效降低委托人对代理人的工作评估成本和评估难度,通过信息化技术,以随机森林、决策树、人工神经网络等数据挖掘算法实现较为准确的、精度可控的预判,以规避"彼得陷阱"带来的不胜任问题。根据胜任力模型,还可以准确地对存在短板的员工进行针对性的培养,如个性化的业务培训和轮岗锻炼等,从而有效提升此类员工的能力水平。

(6) 持续加强内部岗位竞聘制以及职业经理人制度。管理岗位的竞聘可以避免一些由决策者的主观经验判断带来的晋升不胜任的问题。内部竞聘的政策需要秉持公开、公平、竞争、民主、择优的原则,更为客观地将能力更强、意愿更强的员工晋升到更重要的岗位上。同时,竞聘制可以结合业绩指标实现"能上能下"的激励机制,以进一步促进企业人力资源配置的优化。此外,由于许多大型企业内部的职位晋升仍然属于行政晋升的范畴,并代表一定的行政级别,晋升的员工的一些"行政属性"特点可能会弱化其应有的"经济属性"能力,从而降低企业收益。所以在深化企业改革的过程中,需要推进企业管理者的职业化进程,提升其经营管理能力,使企业适应现代化的市场竞争。所以在大型企业的职位晋升中,可以引入职业经理人制度,弱化岗位的行政级别以及职务观念,更加强调晋升候选人的对企业的经营管理能力、专业技术能力和职业思维素养。在经理人中推行任期制及契约化管理,全面实施中长期的激励政策,构建更为高效的企业运营机制,提升企业活力。本书认为在大型企业中打造一批高素质的专门从事企业经营管理的人才可以使企业在各项业务和事业的发展中都更加专注,并且职业经理人制度可以有效地完善大型企业内部权力的监督和监管机制,使其更加透明、公开和公正,对内部员工的发展和外部企业形象的树立都会起到积极的作用。

(7) 构建更为合理的岗位薪酬体系。由于企业内可能同时存在两种不同的晋升机制,而不同的晋升机制会对代理人产生不同的激励效用,从而会使代理人产生不同的绩效水平,所以本书认为对于晋升后的代理人,并不是薪资越高越好,高薪资在多种激励状态下并不一定会完全转化为高业绩。从企业收益的角度来说,应构建更为合理的薪酬体系。如根据岗位业绩的不同,推行比例可变的基本薪酬加绩效薪酬的形式,以员工的最低业绩为基础,全面考虑高业绩和低业绩的差额来设计基本薪酬,并以额外业绩的完成情况设计绩效薪酬。同时,可以根据企业外同行业的薪酬标准设定薪酬阈值,并根据行业特征设定薪酬的调整机制。最大限度地发挥薪酬对员工的激励效用。

7.3 不足与展望

本研究还存在着一些不足,这里对不足之处进行了分析并提出了研究展望,具体如下。

(1) 在实证分析中,由于数据资源可获得性的问题,本书只选取了一家大型企业的人力资源数据,虽然其有31个省分公司以及地市、区县分公司,整体数据资源较为充足,但是基于一家企业的数据实证还是缺乏一些普适性,如基于数据挖掘的员工晋升模式的概括等。虽然对于用于实证分析的大型企业来说,其经营任务包括经济性任务和社会性任务两部分,其任务和内部岗位的多元化构成了典型的大型企业特征;但是我国的大型企业还包括一些专门以经营为主的企业,或以承担社会性任务为主的企业,这些企业任务和规模的不同,都可能会呈现出一些不一样的员工晋升特征。所以丰富和拓展数据样本的范围,使其涵盖更多的企业类型,得到普适性更强的研究结论是下一阶段的主要研究目标之一。

(2) 本书重点研究了大型企业内部员工晋升为中层管理者或高层管理者的过程,但是受得到的数据样本总量的限制,并没有进行更高层级的晋升研究,如怎样晋升为企业"一把手"或企业"一把手"向外部的晋升。虽然早期已有学者对该层级的晋升进行了一些研究[1,17],但是近年来随着数字经济的发展、大型改革的加剧,尤其是《国企改革三年行动方案(2020—2022年)》的出台,使许多大型企业的改革快速地朝着现代企业的市场化方向靠拢,这会使一些高层级的晋升模式呈现出不一样的特点,这也是该研究方向下一步的重点研究视角之一。

(3) 本书通过不同因素叠加的方式对员工个人的关系资源进行了数据化、指标化的构造,但是仍然不够深入,如员工晋升前所在岗位,除办公室外,是否还有能够与领导产生交互关系的岗位,如组织、人事、财务等;此外老乡关系和校友关系的亲疏程度应该如何更为合理地量化,都是值得思考的问题。有学者通过员工与更高层领导的籍贯在电子地图中的距离等方式,数据化地刻画老乡关系[90],也有学者通过上下级可能存在的朋友、老乡、校友等关系构建"同质指数"[116],但是整体来说都缺乏一定的说服力和普适性,未来在关系资源对晋升影响的研究中,如何更加合理地构造数据化的关系资源指标是一个较为新颖的研究方向。

(4) 本书基于大数据的智能化方法分析了大型企业员工的晋升模式,但是受获取的数据维度多样性的限制,并没有根据不同岗位能力要求进一步构造不同层级的岗位胜任力的数据模型。在大型企业中,基于大数据的智能性的岗位匹配、员工岗位胜任力的智能分析是未来晋升研究的重点方向之一,该方向的研究能够精准有效地辅助人力资源决策,并能够降低企业对员工的甄别成本,规避晋升可能出现的"不胜任"等风险问题,达到优化人力资源配置的目的。

参 考 文 献

[1] 杨瑞龙,王元,聂辉华."准官员"的晋升机制:来自中国央企的证据[J].管理世界,2013(3):23-33.

[2] 李维安,孙林.高管薪酬与公司业绩:2009—2012年A股上市公司检验[J].改革,2014(5):139-147.

[3] 郑志刚,李东旭,许荣,等.国企高管的政治晋升与形象工程——基于N省A公司的案例研究[J].管理世界,2012(10):146-156.

[4] Bai C E, Li D D, Tao Z G, et al. A Multitask Theory of State Enterprise Reform[J]. Journal of Comparative Economics, 2000, 28(4):716-738.

[5] Ross S A. The Economic Theory of Agency: The Principal's Problem[J]. The American Economic Review, 1973, 63(2):134-139.

[6] Rubinstein A. Equilibrium in Supergames with the Overtaking Criterion[J]. Journal of Economic Theory, 1979, 21(1):1-9.

[7] Radner R. Monitoring Cooperate Agreements in a Repeated Principal-Agent Relationship[J]. Econometrica, 1981, 49(5):1127-1148.

[8] Weitzman M L. The "Ratchet Principle" and Performance Incentives[J]. The Bell Journal of Economics, 1980, 11(1):302-308.

[9] Lazear E P, Rosen S. Rank-Order Tournaments as an Optimum Labor Contract[J]. Journal of Political Economy, 1981, 89(5):841-864.

[10] 周黎安.晋升博弈中政府官员的激励与合作——兼论我国地方保护主义和重复建设问题长期存在的原因[J].经济研究,2004(6):33-40.

[11] 丁从明,刘明,廖艺洁.官员更替与交通基础设施投资——来自中国省级官

员数据的证据[J].财经研究,2015(4):90-99.

[12] Kini O, Williams R. Tournament Incentives, Firm Risk, and Corporate Policies[J]. Social Science Electronic Publishing, 2012, 103(2):350-376.

[13] 卢馨,何雨晴,吴婷.国企高管政治晋升激励是长久之计吗？[J].经济管理,2016(7):94-106.

[14] 蒋德权,姜国华,陈冬华.地方官员晋升与经济效率：基于政绩考核观和官员异质性视角的实证考察[J].中国工业经济,2015(10):21-36.

[15] Schultz T W. Investment in Human Capital[J]. The American Economic Review, 1961, 51:1-17.

[16] Hambrick D C, Mason P A. Upper Echelons：The Organization as a Reflection of Its Top Managers[J]. Academy of Management Review, 1984, 9(2):193-206.

[17] 张霖琳,刘峰,蔡贵龙.监管独立性、市场化进程与国企高管晋升机制的执行效果——基于2003—2012年国企高管职位变更的数据[J].管理世界,2015(10):117-131.

[18] Adams J S. Inequity in Social Exchange[J]. Advances in Experimental Social Psychology, 1965, 2(4):267-299.

[19] Sengupta J K. Rapid Growth in NICs in Asia：Tests of New Growth Theory for Korea[J]. Kyklos, 1991, 44(4):561-580.

[20] Shakina E, Barajas A. The Dynamics of Intellectual Resources During the Economic Crisis[J]. Economic Research—Ekonomska Istraživanja, 2014, 27(1):861-881.

[21] Crook T R, Todd S Y, Combs J G, et al. Does Human Capital Matter? A Meta-analysis of the Relationship Between Human Capital and Firm Performance[J]. Journal of Applied Psychology, 2011, 96(3):443-456.

[22] 邓学芬,黄功勋,张学英,等.企业人力资本与企业绩效关系的实证研究——以高新技术企业为例[J].宏观经济研究,2012(1):73-79.

[23] Hitt M A, Bierman L, Shimizu K, et al. Direct and Moderating Effects of

Human Capital on Strategy and Performance in Professional Service Firms: A Resource-Based Perspective[J]. Academy of Management Journal, 2001, 44(1):13-28.

[24] Becker G S. Human Capital: A Theoretical and Empirical Analysis with Special Reference to Education[M]. 3rd ed. NBER Books, 1994.

[25] 程建君. 基于知识创新的企业人力资源管理模式研究[D]. 武汉:武汉理工大学, 2009.

[26] Barney J B. Firm Resources and Sustained Competitive Advantage[J]. Journal of Management, 1991, 17(1):99-120.

[27] 侯光明. 人力资源管理[M]. 北京:高等教育出版社, 2009:80-89.

[28] Naro M S, Simionescu M, Sofia C. The Role of Education in Ensuring Skilled Human Capital for Companies[J]. Theoretical and Empirical Researches in Urban Management, 2019, 14(1):75-84.

[29] 姚先国,张海峰. 教育、人力资本与地区经济差异[J]. 经济研究, 2008(5):47-57.

[30] Autor D H, Katz L F, Krueger A B. Computing Inequality: Have Computers Changed the Labor Market?[J]. Quarterly Journal of Economics, 1998, 113(4):1169-1213.

[31] Acemoglu D. Why Do New Technologies Complement Skills? Directed Technical Change and Wage Inequality[J]. Quarterly Journal of Economics, 1998, 113(4):1055-1089.

[32] 丁小浩,黄依梵. 人力资本对经济增长的贡献:理论与方法[J]. 北京大学教育评论, 2020, 18(1):27-41,189.

[33] Eleder G H. Achievement Motivation and Intelligence in Occupational Mobility:A Longitudinal Analysis[J]. Sociometry, 1968, 31(4):327-354.

[34] Freund P A, Holling H. Who Wants to Take an Intelligence Test? Personality and Achievement Motivation in the Context of Ability Testing[J]. Personality and Individual Differences, 2011, 50(5):723-728.

[35] Ballout H I. Career Success: The Effects of Human Capital, Person-Environment Fit and Organizational Support[J]. Journal of Managerial Psychology, 2007, 22(8):741-765.

[36] Coyle-Shapiro J, Conway N. Exchange Relationships:Examining Psychological Contracts and Perceived Organizational Support [J]. Journal of Applied Psychology, 2005, 90(4):774-781.

[37] Settoon R P, Bennett N, Liden R C. Social Exchange in Organizations: Perceived Organizational Support, Leader-Member Exchange, and Employee Reciprocity[J]. Journal of Applied Psychology, 1996, 81(3):219-227.

[38] Hambrick D C. Upper Echelons Theory:An Update[J]. Academy of Management Review, 2007, 32(2):334-343.

[39] 陶建宏,师萍,段伟宇.高阶理论研究综述——基于跨层次整合视角[J].科技管理研究,2013,33(10):224-229,242.

[40] Jackson S E. Consequences of Group Composition for the Interpersonal Dynamics of Strategic Issue Processing [J]. Advances in Strategic Management, 1992, 8(3):345-382.

[41] Finkelstein S, Hambrick D C. Strategic Leadership:Top Executives and Their Effects on Organizations [M]. Minneapolis: West Publishing Company, 1996.

[42] Carpenter M A, Geletkanycz M A, Sanders W G. Upper Echelons Research Revisited:Antecedents, Elements, and Consequences of Top Management Team Composition[J]. Journal of Management, 2004, 30(6):749-778.

[43] 孙海法,伍晓奕.企业高层管理团队研究的进展[J].管理科学学报,2003(4):82-89.

[44] Eisenhardt K M, Schoonhoven C B. Organizational Growth:Linking Founding Team Strategy, Environment, and Growth among U. S. Semiconductor Ventures, 1978-1988[J]. Administrative Science Quarterly, 1990, 35(3):504-529.

[45] Smith K G, Smith K A, Olian J D, et al. Top Management Team Demography and Process: The Role of Social Integration and Communication [J]. Administrative Science Quarterly, 1994, 39(3):412-438.

[46] Dempster R J, Hart S D. The Relative Utility of Fixed and Variable Risk Factors in Discriminating Sexual Recidivists and Nonrecidivists[J]. Sexual Abuse: A Journal of Research and Treatment, 2002, 14(2):121-138.

[47] 任颋,王峥.女性参与高管团队对企业绩效的影响:基于中国民营企业的实证研究[J].南开管理评论,2010,13(5):81-91.

[48] Tihanyi L, Ellstrand A E, Daily C M, et al. Composition of the Top Management Team and Firm International Diversification[J]. Journal of Management, 2000, 26(6):1157-1177.

[49] Wiersema M F, Bantel K A. Top Management Team Demography and Corporate Strategic Change[J]. Academy of Management Journal, 1992, 35(1):91-121.

[50] Camelo-Ordaz C, Hernández-Lara A B, Valle-Cabrera, R. The Relationship Between Top Management Teams and Innovative Capacity in Companies[J]. Journal of Management Development, 2005, 24(8):683-705.

[51] 姜付秀,伊志宏,苏飞,等.管理者背景特征与企业过度投资行为[J].管理世界,2009(1):130-139.

[52] 陈璐,杨百寅,井润田,等.高层管理团队内部社会资本、团队冲突和决策效果的关系——研究综述与理论分析框架[J].南开管理评论,2009,12(6):42-50.

[53] Boone C, van Olffen W, van Witteloostuijn A, et al. The Genesis of Top Management Team Diversity:Selective Turnover among Top Management Teams in Dutch Newspaper Publishing, 1970-94 [J]. The Academy of Management Journal, 2004, 47(5):633-656.

[54] 徐细雄.晋升与薪酬的治理效应:产权性质的影响[J].经济科学,2012(2):102-116.

[55] 吴云.西方激励理论的历史演进及其启示[J].学习与探索,1996(6):88-93.

[56] 曹元坤,占小军.激励理论研究现状及发展[J].当代财经,2003(12):57-61.

[57] 马晶.西方企业激励理论述评[J].经济评论,2006(6):152-157.

[58] Maslow A. Maslow's Hierarchy of Needs:Motivation and Personality[M]. New York:Harper, 1954.

[59] Alderfer C P. Existence, Relatedness, and Growth:Human Needs in Organizational Settings[J]. Contemporary Sociology, 1974, 3(6):511.

[60] McClelland D C. Human Motivation[M]. New York:Cambridge University Press, 1985.

[61] Vroom V H. Work and Motivation[M]. NewYork:Wiley, 1964.

[62] Locke E A. Toward a Theory of Task Motivation and Incentives[J]. Organizational Behavior and Human Performance, 1968, 3(2):157-189.

[63] 李春琦,石磊.国外企业激励理论述评[J].经济学动态,2001(6):61-66.

[64] Greenberg J, Baron A B. Behavior in Organizations[M].北京:中国人民大学出版社,2005.

[65] 李正图.新制度经济学委托代理理论视野的拓展[J].经济理论与经济管理,2020(6):21-38.

[66] Clark J, Guy K. Innovation and Competitiveness:A Review[J]. Technology Analysis & Strategic Management, 1998, 10(3):363-395.

[67] Wilson R. The Structure of Incentive for Decentralization under Uncertainty[R]. Paris:Le Centre National de la Recherche Scientifique, 1969.

[68] Spence M, Zeckhauser R. Insurance, Information and Individual Action[J]. The American Economic Review, 1971, 61(2):380-387.

[69] 郑永彪,张磊,张生太,等.委托代理问题研究综述[J].中国流通经济,2013, 27(5):63-69.

[70] Mirrlees J A. The Optimal Structure of Authority and Incentives Within an Organization[J]. The Bell Journal of Economics, 1976, 7(1):105-131.

[71] Mirrlees J A. Notes on Welfare Economics, Information, and Uncertainty [C]//Essays on Economic Behavior under Uncertainty. Amsterdam: North-Holland, 1974.

[72] Holmstrom B. Moral Hazard and Observability[J]. The Bell Journal of Economics, 1979, 10(1):74-91.

[73] Fama E F. Agency Problems and the Theory of the Firm[J]. The Journal of Political Economy, 1980, 88(2):288-307.

[74] Holmstrom B. Moral Hazard in Teams[J]. The Bell Journal of Economics 1982, 13(2):324-340.

[75] Holmstrom B, Milgrom P. Multitask Principal—Agent Analyses: Incentive Contracts, Asset Ownership, and Job Design[J]. The Journal of Law, Economics, and Organization, 1991, 7:24-52.

[76] McAfee R P, McMillan J. Optimal Contract for Teams[J]. International Economic Review, 1991, 32(3):561-577.

[77] Malcomson J M. Work Incentives, Hierarchy, and Internal Labor Markets[J]. The Journal of Political Economy, 1984, 92(3):486-507.

[78] 李君安. 晋升与企业员工幸福感关系研究——基于中国全国综合调查数据的实证分析[J]. 企业经济, 2014, 33(10):85-89.

[79] Takahashi K. Effects of Wage and Promotion Incentives on the Motivation Levels of Japanese Employees[J]. Career Development International, 2006, 11(3):193-203.

[80] Valsecchi I. Job Assignment and Promotion[J]. Journal of Economic Surveys, 2000, 14(1):31-51.

[81] Spilerman S, Petersen T. Organizational Structure, Determinants of Promotion, and Gender Differences in Attainment[J]. Social Science Research, 1999, 28(2):203-227.

[82] Gibbons R, Katz L H. Does Unmeasured Ability Explain Inter-industry Wage Differentials[J]. Review of Economic Studies, 1992, 59:515-535.

[83] Gibbons R, Waldman M. A Theory of Wage and Promotion Dynamics Inside Firms [J]. Quarterly Journal of Economics, 1999, 114(4): 1321-1358.

[84] Waldman M. Job Assignment, Signaling, and Efficiency[J]. Rand Journal of Economics, 1983, 15(2): 255-267.

[85] Milgrom P, Oster S. Job Discrimination, Market Forces, and the Invisibility Hypothesis[J]. Quarterly Journal of Economics, 1987, 102(3): 453-476.

[86] Greenberg J. Organizational Justice: Yesterday, Today, and Tomorrow [J]. Journal of Management, 1990, 16(2): 399-432.

[87] Bernhardt D. Strategic Promotion and Compensation [J]. Review of Economic Studies, 1995, 62(2): 315-339.

[88] 王贤彬,徐现祥.地方官员晋升竞争与经济增长[J].经济科学,2010(6): 42-58.

[89] 周黎安.中国地方官员的晋升锦标赛模式研究[J].经济研究,2007(7): 36-50.

[90] 李维安,孙林.同乡关系在晋升中会起作用吗?——基于省属国有企业负责人的实证检验[J].财经研究,2017,43(1):17-28,40.

[91] 刘青松,肖星.国有企业高管的晋升激励和薪酬激励——基于高管双重身份的视角[J].技术经济,2015,34(2):93-100.

[92] Woodruffe C. What is Meant by a Competency? [J]. Leadership & Organization Development Journal, 1993, 14(1): 29-36.

[93] Bo Z Y. Economic Performance and Political Mobility: Chinese Provincial Leaders[J]. Journal of Contemporary China, 1996, 5(12): 135-154.

[94] Bo Z Y. Chinese Provincial Leaders: Economic Performance and Political Mobility Since 1949[M]. New York: ME Sharpe, 2002.

[95] Li H, Zhou L. Political Turnover and Economic Performance: The Incentive Role of Personnel Control in China [J]. Journal of Public Economics, 2005, 89(9-10): 1743-1762.

[96] Cichello M S, Fee C E, Hadlock C J, et al. Promotions, Turnover, and Performance Evaluation: Evidence from the Careers of Division Managers [J]. Accounting Review, 2009, 84(4):1119-1143.

[97] Hermalin B E, Weisbach M S. Endogenously Chosen Boards of Directors and Their Monitoring of the CEO[J]. The American Economic Review, 1998, 88(1):96-118.

[98] Hu F, Leung S C M. Top Management Turnover, Firm Performance and Government Control: Evidence from China's Listed State-Owned Enterprises[J]. The International Journal of Accounting, 2012, 47(2):235-262.

[99] 廖冠民,张广婷.盈余管理与国有公司高管晋升效率[J].中国工业经济,2012(4):115-127.

[100] 张红,周黎安,梁建章.公司内部晋升机制及其作用——来自公司人事数据的实证证据[J].管理世界,2016(4):127-137.

[101] Jia N. Tournament Incentives and Stock Price Crash Risk [J]. Accounting Horizons, 2018, 32(3):101-121.

[102] Peter L J, Hull R. The Peter Principles—Why Things Always Go Wrong [M]. New York:Buccaneer Books, 1993.

[103] Milgrom P, Roberts J. Economics, Organization and Management[M]. Englewood Cliffs, NJ:Prentice-Hall, 1992.

[104] Opper S, Brehm S. Networks Versus Performance: Political Leadership Promotion in China[J]. Department of Economics, 2007.

[105] Landry P. The Political Management of Mayors in Post-Deng China[J]. The Copenhagen Journal of Asian Studies, 2003, 17(17):31-58.

[106] Mei C. Brings the Politics Back in: Political Incentive and Policy Distortion in China[D]. College Park:University of Maryland, 2009.

[107] Jia R X, Kudamatsu M, Seim D. Political Selection in China: The Complementary Roles of Connections and Performance[J]. Journal of the

European Economic Association, 2015, 13(4):631-668.

[108] Kato T K, Long C. Executive Turnover and Firm Performance in China [J]. The American Economic Review, 2006, 96(2):363-367.

[109] 丁友刚,宋献中. 政府控制、高管更换与公司业绩[J]. 会计研究, 2011(6):70-76.

[110] Bushman R M, Piotroski J D. Financial Reporting Incentives for Conservative Accounting:The Influence of Legal and Political Institutions [J]. Journal of Accounting and Economics, 2006, 42(1-2):107-148.

[111] 陶然,苏福兵,陆曦,等. 经济增长能够带来晋升吗?——对晋升锦标竞赛理论的逻辑挑战与省级实证重估[J]. 管理世界, 2010(12):13-26.

[112] 田妮,张宗益. 政治激励和薪酬激励是互补的吗?[J]. 上海经济研究, 2012, 24(11):26-33.

[113] 张平,赵国昌,罗知. 中央官员来源与地方经济增长[J]. 经济学, 2012(1):613-634.

[114] 吴芸. 影响县委书记和县长晋升速度的相关因素——以河北省为例[J]. 东南学术, 2012(5):88-96.

[115] 陈硕,陈家喜,聂伟. 能力、关系与晋升速度:基于522名县委书记的实证研究[J]. 公共行政评论, 2019(6):110-124,201.

[116] Opper S, Nee V, Brehm S. Homophily in the Career Mobility of China's Political Elite[J]. Social Science Research, 2015, 54:332-352.

[117] Boubakri N, Cosset J C, Saffar W. Political Connections of Newly Privatized Firms [J]. Journal of Corporate Finance, 2008, 14(5):654-673.

[118] 吴文锋,吴冲锋,芮萌. 中国上市公司高管的政府背景与税收优惠[J]. 管理世界, 2009(3):134-142.

[119] 黄再胜. 国有企业隐性激励"双重缺位"问题探析[J]. 当代经济科学, 2003(5):45-49.

[120] Rosenbaum J E. Organizational Career Mobility:Promotion Chances in a

Corporation During Periods of Growth and Contraction[J]. American Journal of Sociology, 1979, 85(1):21-48.

[121] Ng T W H, Feldman D C. Human Capital and Objective Indicators of Career Success: The Mediating Effects of Cognitive Ability and Conscientiousness [J]. Journal of Occupational and Organizational Psychology, 2010, 83(1):207-235.

[122] Hayek M, Thomas C H, Novicevic M M, et al. Contextualizing Human Capital Theory in a Non-Western Setting: Testing the Pay-For-Performance Assumption[J]. Journal of Business Research, 2016, 69(2):928-935.

[123] Hall R H. Dimensions of Work[M]. Beverly Hills, CA: Sage, 1986.

[124] Stolzenberg L. Bringing the Boss Back in: Employer Size, Employee Schooling, and Socioeconomic Achievement[J]. American Sociological Review, 1978, 43:813-828.

[125] Osterman P, Rosenbaum J E. Career Mobility in a Corporate Hierarchy [J]. Contemporary Sociology, 1986, 15(4):587.

[126] Baron J N. Organizational Perspectives on Stratification [J]. Annual Review of Sociology, 1984, 10:37-69.

[127] Wilson O W, McLaren R C. Police Administration[M]. 3rd ed. New York: McGraw-Hill Book Company, 1972.

[128] Rosenbaum J E. Career Mobility in a Corporate Hierarchy: A Longitudinal Analysis of Level Earnings and Attainments[J]. Research in Social Stratification and Mobility, 1981, 1:95-124.

[129] Becker G S. Human Capital, Effort, and the Sexual Division of Labor [J]. Journal of Labor Economics, 1985, 3(1):33-58.

[130] Pekkarinen T, Vartiainen J. Gender Differences in Promotion on a Job Ladder: Evidence from Finnish Metalworkers[J]. Industrial and Labor Relations Review, 2006, 59(2):285-301.

[131] Cannings K. Managerial Promotion: The Effects of Socialization,

Specialization, and Gender[J]. Industrial and Labor Relations Review, 1988, 42:77-88.

[132] Spurr S J. Sex Discrimination in the Legal Profession: A Study of Promotion[J]. Industrial and Labor Relations Review, 1990, 43: 406-417.

[133] Blau F D, Devaro J. New Evidence on Gender Differences in Promotion Rates:An Empirical Analysis of a Sample of New Hires[J]. Industrial Relations, 2007, 46(3):511-550.

[134] Winter-Ebmer R, Zweimüller J. Unequal Assignment and Unequal Promotion in Job Ladders[J]. Journal of Labor Economics, 1997, 15(1): 43-71.

[135] Baldwin M L, Butler R J, Johnson W G. A Hierarchical Theory of Occupational Segregation and Wage Discrimination[J]. Economic Inquiry, 2001, 39(1):94-110.

[136] Eagly A H, Karau S J. Role Congruity Theory of Prejudice Toward Female Leaders[J]. Psychological Review, 2002, 109(3):573-598.

[137] Barber B M, Odean T. Boys will be Boys:Gender, Overconfidence, and Common Stock Investment[J]. Quarterly Journal of Economics, 2001, 116(1):261-292.

[138] Watson J, McNaughton M. Gender Differences in Risk Aversion and Expected Retirement Benefits[J]. Financial Analysts Journal, 2007, 63(4):52-62.

[139] Huang J, Kisgen D J. Gender and Corporate Finance: Are Male Executives Overconfident Relative to Female Executives? [J]. Journal of Financial Economics, 2013, 108(3):822-839.

[140] 颜士梅,颜士之,张曼.企业人力资源开发中性别歧视的表现形式——基于内容分析的访谈研究[J].管理世界,2008(11):110-118.

[141] 卿石松.职位晋升中的性别歧视[J].管理世界,2011(11):28-38.

[142] Thibaut J W, Walker L. Procedural Justice: A Psychological Analysis [J]. Duke Law Journal, 1977(6).

[143] Leventhal G S, Karuza J, Fry W R. Beyond Fairness: A Theory of Allocation Preferences[M]//Mikula G. Justice and Social Interaction: Experimental and Theoretical Contributions from Psychological Research. New York: Springer-Verlag, 1980.

[144] Greenberg J. A Taxonomy of Organizational Justice Theories[J]. The Academy of Management Review, 1987, 12(1): 9-22.

[145] Sweeney P D, McFarlin D B. Workers' Evaluations of the "Ends" and the "Means": An Examination of Four Models of Distributive and Procedural Justice[J]. Organizational Behavior and Human Decision Processes, 1993, 55(1): 23-40.

[146] Bies R J, Moag J S. Interactional Justice: Communication Criteria for Fairness[M]//Sheppard B H. Research on Negotiation in Organizations. Greenwich, CT: JAI Press, 1986.

[147] Colquitt J A. On the Dimensionality of Organizational Justice: A Construct Validation of a Measure[J]. Journal of Applied Psychology, 2001, 86(3): 386-400.

[148] McEnrue M P. The Perceived Fairness of Managerial Promotion Practices [J]. Human Relations, 1989, 42(9): 815-827.

[149] Beehr T A, Nair V N, Gudanowski D M, et al. Perceptions of Reasons for Promotion of Self and Others[J]. Human Relations, 2004, 57(4): 413-438.

[150] Foley S, Kidder D L, Powell G N. The Perceived Glass Ceiling and Justice Perceptions: An Investigation of Hispanic Law Associates[J]. Journal of Management, 2002, 28(4): 471-496.

[151] Schwarzwald J, Koslowsky M, Shalit B. A Field Study of Employees' Attitudes and Behaviors After Promotion Decisions[J]. Journal of

Applied Psychology,1992,77(4):511-514.

[152] Bagdadli S, Paoletti F. The Importance of Organizational Justice in Career Decisions[J]. Academy of Management Proceedings,2000,2000(1).

[153] Lemons M A, Jones C A. Procedural Justice in Promotion Decisions:Using Perceptions of Fairness to Build Employee Commitment[J]. Journal of Managerial Psychology,2001,16(4):268-281.

[154] 李萌.事业单位晋升标准与职工晋升公平感关系的实证研究[D].北京:北京邮电大学,2009.

[155] 徐桂芳.晋升程序公平影响因素的综述[J].现代经济信息,2012(6):82.

[156] 凌星元.基于前景理论的团队管理晋升公平研究[J].中外企业家,2015(8):129.

[157] Masterson S S, Lewis K, Goldman B M, et al. Integrating Justice and Social Exchange:The Differing Effects of Fair Procedures and Treatment on Work Relationships[J]. Academy of Management Journal,2000,43(4):738-748.

[158] Williams S. The Effects of Distributive and Procedural Justice on Performance[J]. The Journal of Psychology,1999,133(2):183-193.

[159] Organ D W. Organizational Citizenship Behavior:It's Construct Clean-Up Time[J]. Human Performance,1997,10(2):85-97.

[160] Konovsky M A, Cropanzano R. Perceived Fairness of Employee Drug Testing as a Predictor of Employee Attitudes and Job Performance[J]. Journal of Applied Psychology,1991,76(5):698-707.

[161] Aryee S, Budhwar P S, Chen Z X. Trust as a Mediator of the Relationship Between Organizational Justice and Work Outcomes:Test of a Social Exchange Model[J]. Journal of Organizational Behavior,2002,23:267-285.

[162] 汪新艳,廖建桥.组织公平感对员工工作绩效的影响机制研究[J].江西社

会学,2007(9):152-156.

[163] 吕晓俊,严文华.组织公平感对工作绩效的影响研究[J].上海行政学院学报,2009(1):75-81.

[164] 张燕,解蕴慧,王泸.组织公平感与员工工作行为:心理安全感的中介作用[J].北京大学学报:自然科学版,2015,51(1):180-186.

[165] 王晓晖,罗静芳,黎金荣.公务员职务晋升公平感对其工作绩效的影响研究[J].南方经济,2013(11):38-46.

[166] Akerlof G A. The Market for "Lemons": Quality Uncertainty and the Market Mechanism[J]. Quarterly Journal of Economics, 1970, 84: 488-500.

[167] 张维迎.博弈论与信息经济学[M].上海:上海人民出版社,2004.

[168] 陈珉,秦兴方.传统晋升制度的博弈分析[J].华东经济管理,2005(12):94-97.

[169] 让-雅克·拉丰,大卫·马赫蒂摩.激励理论:委托-代理模型[M].陈志俊,等,译.北京:中国人民大学出版社,2002.

[170] 张红波,王国顺.企业聘用职业经理人的最优时机及其委托代理模型[J].数学的实践与认识,2007(11):75-81.

[171] Jensen M C, Meckling W H. Theory of the Firm:Managerial Behavior, Agency Costs and Ownership Structure[J]. Journal of Financial Economics, 1976, 3(4):305-360.

[172] 王立宏.内部劳动力市场雇佣双方的委托——代理关系分析[J].财经问题研究,2003(4):25-30.

[173] 乔坤元.我国官员晋升锦标赛机制:理论与证据[J].经济科学,2013(1):88-98.

[174] 田伟,田红云.晋升博弈、地方官员行为与中国区域经济差异[J].南开经济研究,2009(1):133-152.

[175] 陶然,陆曦,苏福兵,等.地区竞争格局演变下的中国转轨:财政激励和发展模式反思[J].经济研究,2009(7):21-33.

[176] 徐阳.中国地方政府绩效评估的历史、模式与问题——基于政治锦标赛理论视角[J].哈尔滨工业大学学报:社会科学版,2018,20(3):30-36.

[177] 陈潭,刘兴云.锦标赛体制、晋升博弈与地方剧场政治[J].公共管理学报,2011(2):21-33,125.

[178] 周飞舟.锦标赛体制[J].社会学研究,2009,24(3):54-77.

[179] 杨宝剑.基于政治锦标赛制的地方官员竞争行为分析[J].经济与管理研究,2011(9):29-34.

[180] 荣敬本.从压力型体制向民主合作体制的转变[M].北京:中央编译出版社,1998.

[181] Han J W, Kamber M. 数据挖掘概念与技术[M]. 范明,孟小峰,译. 3版. 北京:机械工业出版社,2012.

[182] Harrington P. 机器学习实战[M]. 李锐,李鹏,曲亚东,等,译. 北京:人民邮电出版社,2013.

[183] Tan P N, Steinbach M, Kumar V. Introduction to Data Mining[M]. New Delhi:Pearson Education India,2016.

[184] Shearer C. The CRISP-DM Model:The New Blueprint for Data Mining[J]. International Journal of Data Warehousing,2000,5(4):13-22.

[185] 刘红岩,陈剑,陈国青.数据挖掘中的数据分类算法综述[J].清华大学学报:自然科学版,2002,42(6):727-730.

[186] Grabmeier J, Rudolph A. Techniques of Cluster Algorithms in Data Mining[J]. Data Mining and Knowledge Discovery,2002,6(4):303-360.

[187] Agrawal R. Fast Algorithm for Mining Association Rules in Large Databases[C]//20th Very Large Data Bases Conference. New York:IEEE,1994.

[188] Agrawal R, Mannila H, Srikant R, et al. Fast Discovery of Association Rules:Advances in Knowledge Discovery and Data Mining[M]. New York:MIT Press,1996:307-328.

[189] Zadeh L A. Fuzzy Sets[J]. Information and Control, 1965, 8(3): 338-353.

[190] 李士勇. 模糊控制·神经控制和智能控制论[M]. 哈尔滨: 哈尔滨工业大学出版社, 1998.

[191] 彭祖赠. Fuzzy 子集的贴近度与模 Fuzzy 距离空间[J]. 武汉水利电力学院学报, 1980(4): 87-96.

[192] 王帅, 杨培涛, 黄庆雯. 基于多层次模糊综合评价的中小企业信用风险评估[J]. 财经理论与实践, 2014(5): 13-17.

[193] 刘长江. 基于模糊综合评价法的人力资源绩效评价指标体系[J]. 统计与决策, 2010(10): 186-188.

[194] Pawlak Z. Rough Set[J]. International Journal of Computer and Information Sciences, 1982, 11(5): 341-356.

[195] Zhai L Y, Khoo L P, Fok S C. Feature Extraction Using Rough Set Theory and Genetic Algorithms—An Application for the Simplification of Product Quality Evaluation[J]. Computers & Industrial Engineering, 2002, 43(4): 661-676.

[196] 邓聚龙. 灰色控制系统[J]. 华中工学院学报, 1982(3): 9-18.

[197] Quinlan J R. Induction of Decision Trees[J]. Machine Learning, 1986, 1(1): 81-106.

[198] Quinlan J R. C4.5: Programs for Machine Learning[M]. San Francisco, CA: Morgan Kaufmann Publishers, 1993.

[199] Quinlan J R. C5.0: An Informal Tutorial[J]. Rulequest Research, 2009(4): 834.

[200] Breiman L, Friedman J H, Olshen R A, et al. Classification and Regression Trees[J]. Encyclopedia of Ecology, 1984, 40(3): 582-588.

[201] Mehta M, Agrawal R, Rissanen J. SLIQ: A Fast Scalable Classifier for Data Mining[C]//Advances in Database Technology. New York: Springer Berlin Heidelberg, 2006.

[202] Shafer J, Agrawal R, Mehta M. SPRINT:A Scalable Parallel Classifier for Data Mining[C]//International Conference on Extending Database Technology. San Francisco, CA:Morgan Kaufmann Publishers, 1996.

[203] 演克武,张磊,孙强.决策树分类法中 ID3 算法在航空市场客户价值细分中的应用[J].商业研究,2008(3):24-29.

[204] 王莹,李仁旺,李斌,等.基于 CURE 算法和 C4.5 决策树的服装销售预测模型[J].纺织学报,2008(9):133-136.

[205] 费斐,叶枫.决策树算法在团购商品销售预测中的应用[J].计算机系统应用,2013(2):133-137.

[206] 庞素琳,巩吉璋.C5.0 分类算法及在银行个人信用评级中的应用[J].系统工程理论与实践,2009,29(12):94-104.

[207] 程铁信,郭涛,祁昕.决策树分类模型在工程项目评标风险预警中的应用[J].数理统计与管理,2010,29(1):122-128.

[208] Breiman L. Random Forests[J]. Machine Learning, 2001, 45:5-32.

[209] 马晓君,董碧滢,王常欣.一种基于 PSO 优化加权随机森林算法的上市公司信用评级模型设计[J].数量经济技术经济研究,2019,36(12):165-182.

[210] 周永圣,崔佳丽,周琳云,等.基于改进的随机森林模型的个人信用风险评估研究[J].征信,2020,38(1):28-32.

[211] 郭建山,钱军浩.基于随机森林的信用卡违约预测研究[J].现代信息科技,2020,4(3):1-4,9.

[212] 陈子阳.基于决策树和随机森林算法的上市公司财务违规行为研究[J].现代金融,2020(7):23-25,16.

[213] 范诗语,耿子悦,田芮绮,等.基于集成学习的上市企业违约风险评价[J].统计与管理,2021,36(2):62-68.

[214] 孟杰.随机森林模型在财务失败预警中的应用[J].统计与决策,2014(4):179-181.

[215] Vapnik V N. The Nature of Statistical Learning Theory[M]. New York:Springer, 1995.

[216] 刘江华,程君实,陈佳品.支持向量机训练算法综述[J].信息与控制,2002(1):45-50.

[217] 李菲雅,邓翔.等距特征映射的支持向量机模型在上市公司信用风险评估中的应用[J].河北大学学报:哲学社会科学版,2013,38(1):102-107.

[218] 马北玲,游达明,胡小清.基于支持向量机的企业突破性创新识别模型研究[J].软科学,2013,27(1):109-111.

[219] 贺本岚.支持向量机模型在银行客户流失预测中的应用研究[J].金融论坛,2014,19(9):70-74.

[220] Rumelhart D E, Hinton G E, Williams R J. Learning Internal Representation by Error Propagation[M]//Rumelhart D E, McClelland J L. Parallel Distributed Processing: Explorations in the Microstructure of Cognition. Cambridge, MA: MIT Press, 1986.

[221] Hinton G E, Salakhutdinov R R. Reducing the Dimensionality of Data with Neural Networks[J]. Science, 2006, 313(5786):504-507.

[222] 蔡云,张靖妤.基于BP神经网络优化算法的工业企业经济效益评估[J].统计与决策,2012(10):63-66.

[223] 刘岚,王霞,林红旭,等.基于混合BP神经网络算法的信用卡消费行为风险预测[J].科技管理研究,2011,31(17):206-210.

[224] 刘伟江,魏海,运天鹤.基于卷积神经网络的客户信用评估模型研究[J].现代图书情报技术,2020,4(6):80-90.

[225] Yiğit İO, Shourabizadeh H. An Approach for Predicting Employee Churn by Using Data Mining[C]//Proceedings of the International Artificial Intelligence and Data Processing Symposium. New York:IEEE, 2017.

[226] 黄闽英.以数据挖掘提升HRM决策分析能力[J].科技管理研究,2008(3):217-218,231.

[227] 张志宇,吕明丽,李从东.数据挖掘在人岗匹配中的应用研究[J].中国人力资源开发,2010(2):51-53.

[228] Jantan H, Puteh M, Hamdan A R, et al. Applying Data Mining

Classification Techniques for Employee's Performance Prediction[C]// Knowledge Management 5th International Conference. New York:KMIC Press,2010:645-652.

[229] Wang H,Liu J,Wang E,et al. Predicting Employee Career Development Based on Employee Personal Background and Education Status[C]//Proceedings of the 2019 2nd International Conference on Data Science and Information Technology. New York:ACM, 2019.

[230] 桑海风,姜鸣地,路钟乔,等.基于决策树的大学生职位晋升影响因素数据挖掘算法[J].北华大学学报:自然科学版,2019,20(6):836-840.

[231] 涂波,张炜,胡文,等.基于决策树C5.0算法的员工职称晋级评估研究[J].中国管理信息化,2018,21(8):63-64.

[232] Sloan R G. Accounting Earnings and Top Executive Compensation[J]. Journal of Accounting and Economics, 1993, 16(1-3):55-100.

[233] Core J E, Holthausen R W, Larcker D F. Corporate Governance, Chief Executive Officer Compensation, and firm Performance[J]. Journal of Financial Economics, 1999, 51(3):371-406.

[234] Ferrer-i-Carbonell A. Income and Well-Being:An Empirical Analysis of the Comparison Income Effect[J]. Journal of Public Economics, 2005, 89(5-6):997-1019.

[235] 李琦.上市公司高级经理人薪酬影响因素分析[J].经济科学,2003(6):113-127,51,50.

[236] 张俊瑞,赵进文,张建.高级管理层激励与上市公司经营绩效相关性的实证分析[J].会计研究,2003(9):29-34.

[237] 黄再胜,王玉.公平偏好、薪酬管制与国企高管激励———一种基于行为合约理论的分析[J].财经研究,2009,35(1):16-27.

[238] Diener E, Suh E. Measuring Quality of Life:Economic, Social, and Subjective Indicators[J]. Social Indicators Research, 1997, 40:189-216.

[239] Edwards J R, Rothbard N P. Work and Family Stress and Well-Being:

An Examination of Person-Environment Fit in the Work and Family Domains[J]. Organizational Behavior and Human Decision Processes, 1999, 77(2):85-129.

[240] 汪栋,董月娟. 博士生就业市场"第一学历歧视"问题研究[J]. 中国青年研究,2014(5):82-85,90.

[241] Li W, Pye L W. The Ubiquitous Role of the Mishu in Chinese Politics [J]. The China Quarterly, 1992, 132:913-936.

[242] 武立东,薛坤坤,王凯. 制度逻辑、金字塔层级与国有企业决策偏好[J]. 经济与管理研究,2017,38(2):34-43.

[243] Wang C, Hong J, Kafouros M, et al. Exploring the Role of Government Involvement in Outward FDI from Emerging Economies[J]. Journal of International Business Studies, 2012, 43(7):655-676.

[244] 李荣钧. 模糊多准则决策理论与应用[M]. 北京:科技出版社,2002.

[245] Laffont J J, Martimort D. The Theory of Incentives:The Principal-Agent Model[M]. Princeton, NJ:Princeton University Press, 2002.

附 录

附录1 不同晋升形式满足感的问卷调查

尊敬的先生/女士：

您好，本研究正在进行大型企业晋升形式满足感调查，感谢您在百忙之中抽出时间参与此次问卷调查！本调查旨在进行基于员工视角的晋升形式分析，请以个人的感觉为基础，对企业内部不同的晋升形式带来的满足感进行评判。

此问卷为匿名作答，问卷结果仅供学术研究使用，绝不公开，请如实填写。

第一部分：个人基础信息

1. 您的性别：□男□女
2. 您的年龄：
3. 您的最终学历：□本科以下□本科□硕士研究生及以上

第二部分：晋升形式满足感调查

请依据不同的晋升形式，对晋升获得的满足感进行打分（分数为1~9之间的整数，数值对应不同晋升形式获得满足感的程度，9为最高，1为最低）：

序号	晋升形式	满足感				
		自我提升与自我价值实现感	组织内的认可和赞许感	组织内社交需求满足感	组织安全感	生活需求满足感
1	职位晋升					
2	虚职晋升					
3	专业技术职务或职称晋升					
4	福利待遇晋升					

名词解释如下。

职位晋升:实际行政职位的升迁;

虚职晋升:享受与实职相似的薪资待遇,但是没有获得实质性权力,也不用承担相应的责任,如调研员、项目经理、资深经理等;

专业技术职务或职称晋升:企业认可的专业技术序列的职务或职称,反映员工的专业能力水平,如工程师、高级工程师等;

福利待遇晋升:根据企业的激励方式和经营管理模式的不同,以单纯的薪资提升(如资历工资等)、股权加持、其他福利增长等为激励手段的一些晋升方式。

附录2 双晋升机制的问卷调查

尊敬的先生/女士：

您好，本研究正在进行大型企业中的双晋升机制调查，感谢您在百忙之中抽出时间参与此次问卷调查！本调查旨在分析基于员工视角的双晋升机制，请以自身岗位和个人感觉为基础，对企业内您所在的岗位是否存在双晋升机制进行评价。

此问卷为匿名作答，问卷结果仅供学术研究使用，绝不公开，请如实填写。

第一部分：岗位调查

您目前在该企业从事的岗位为（单选，请在具体岗位内画√）：

内部综合管理类	业务经营类	科技支撑类	营销与策划类
办公室类（ ）	各级分公司负责人（ ）	运营维护类（ ）	营销策划类（ ）
组织、人事、党建、宣传类（ ）	公司内各业务部门负责人（ ）	科技研发类（ ）	销售类（ ）
市场协调与监督类（ ）	具体业务负责人（ ）	战略规划类（ ）	
其他综合管理类（财务、后勤等）（ ）			

第二部分：双晋升机制调查

在您所在的岗位中，您是否赞同企业中同时存在因人而异的 X 和 Y 两种晋升机制（单选，请在 A、B、C、D 四个选项中作答）。

X：以员工产出和工作表现等业绩因素为主，其他因素为辅的晋升机制。

Y：以学历、年龄、性别、晋升前岗位任职年限、关系资源等非业绩因素为主，其他业绩因素为辅的晋升机制。

A. 十分赞同　　B. 较为赞同　　C. 一般　　D. 未感觉到两种晋升机制

致　　谢

　　时光如梭,从本书的构思到最终完成用了整整两年的时间。对我而言,以大数据技术来研究大型企业的员工晋升机制是一个十分有意义且十分有趣的内容。书稿构思、理论研究、文献梳理、企业调研、数据分析、完善内容、结论归纳的这个过程,是一次深刻而重要的人生体验,书稿的完成也是我人生的一次飞跃。提笔致谢之际,书稿撰写期间的点点滴滴浮现在眼前,有理论分析时的严谨认真、学习文献时的忙忙碌碌、企业调研时的细致入微以及撰写完成时的满心欢喜。今日,我少了一份不安与忐忑,多了一份坦然和自信,也在心里更加坚定了往后余生的学术钻研和知识分享之路。在此,向所有帮助过我的人致以最诚挚的感谢!

　　第一,由衷地感谢北京邮电大学的吕廷杰教授以及苑春荟教授等专家,书稿的完成离不开专家们的悉心指导。专家们治学严谨、认真负责,从书稿的选题、资料的收集、研究框架的形成、创新点的提炼到最终书稿的完成,任何一个环节都能够看到专家们的宏观把控和细节梳理。专家们悉心的帮助使我收获了严谨的治学态度、系统的研究方法以及前沿的学术知识,也让我领悟到实事求是、知行合一的治学理念。这不仅可以使我在今后的学术生涯中不断突破,更使我在未来的人生中砥砺前行。

　　第二,由衷地感谢河北省社会科学基金对项目"高质量发展视角下河北省国有企业人才晋升机制研究(HB22YJ060)"的资助与支持,通过对该项目的研究和分析,我在本书的框架设计、内容梳理、数据分析等方面获得了较好的基础,并对最终书稿的完成起到了较强的助力作用。

　　第三,由衷地感谢中国邮政集团公司培训中心相关人才测评专家的帮助和支持。书稿的完成离不开人才测评专家们对于资源的协调,包括企业中大量员工的访谈和问卷调研、企业的人力资源数据以及相关政策制度等,这对本书的研究背景、问题提出以及实证分析具有十分重要的作用。此外,本书中相关数据指标的内涵意义、现行人事政策的解读、企业组织架构的布局、相关数据比例的划分都离不开专家们的指导和帮助。

第四,由衷地感谢我的家人,我之所以能够专心和安心地完成该论著,离不开家人的默默奉献和关心爱护。每当我力不从心、自我怀疑以及身心疲惫时,都是家人的理解、帮助和支持使我重新踏上征程。

第五,感谢百忙之中对本书进行审阅和评议的出版社的相关专家,书稿的最终完成离不开你们的意见和建议。

谢谢!